창의성과 사회적 기술 향상을 위한

미술치료 열두 달 프로그램 II

창의성과 사회적 기술 향상을 위한

미술치료 열두 달 프로그램 II

최외선 · 김갑숙 · 서소희 · 홍인애 · 류미련 · 강수현 공저

학지사

머리말

집단미술치료의 경험은 관계 속에서 아이의 성장을 돕는다

"우리 아이가 사회성이 떨어져요." "또래 관계가 좋지 않아요." "친구들에게 따돌림을 받는 것 같아요." 등의 이유로 자녀를 치료실에 보내는 어머니는 〈우리 아이가 달라졌어요〉라는 TV 프로그램에 나오는 아이처럼, 한순간에 자녀가 완전히 달라지기를 바란다. 하지만 관계 속에서 불편함과 상처를 경험한 아이가 다시 관계 속에서 편안해지고 즐거워지기 위해서는 우선 자신의 마음을 열어야 하며, 타인과 함께하며 소통하는 경험이 축적되어야 한다.

그림을 그리며 심리적 이완을 경험하고 또래와 함께하는 집단미술치료를 통해 아이는 자신의 마음을 표현하고, 또 다른 아이의 마음을 보게 된다. 함께하는 미술치료 작업은 너와 내가 어떻게 소통하고 있는지를 눈으로 보게 하고 체험하게 한다. 이러한 집단미술치료의 경험은 아이에게 자기 자신을 잘 들여다볼 수 있도록 하고, 타인을 잘 이해하도록 하며, 우리라는 틀 속에서 서로 소통할 수 있는 방법을 알아 가는 소중한 경험을 하게 한다.

왜 미술치료 워크북인가
책을 만드는 마음은 나눔이다

"오늘 치료시간에는 무엇을 하면 좋을까요?"

상담과 교육현장에서 가장 흔히 하는 질문이자 고민이다. 미술치료가 도움이 된다는 것은 알고 있지만 어떻게 해야 하는 것인지 길을 찾지 못하고 막막함을 호소하는 목소리가 있다. 이 막막함에 가이드라인을 제공하고, 같은 고민을 하고 있는 분들에게 우리의 경험을 나누고자 미술치료 워크북을 만들게 되었다.

치료는 기법을 통해서 이루어지는 것은 아니다. 기법은 치료를 돕는 하나의 방법이다. 보다 효과적인 방법으로 아이가 좋아지도록 길을 안내하고자 하는 것이 기법을 만드는 이유다. 치료에는 또 다른 많은 치료요인이 있다는 것을 잊어서는 안 된다. 독자들이 이 부분을 잊지 않고 조심스럽게 이 책을 활용하며 치료에 접근하기를 바란다.

어떻게 만든 프로그램인가
치료사들이 머리와 마음을 맞대고, 아이들과 호흡하며

무엇이든 치료의 재료가 될 수 있다.

그래서 이 책의 프로그램 중에는 TV를 보다가 아이디어를 얻은 것도 있고, 사진을 찍다가 아이디어를 얻은 것도 있으며, 그림을 보다가, 공원을 산책하다가 등등 생활의 일면에서 다양한 아이디어를 얻었다. 매주 치료사들이 함께 마음을 모으고 머리를 맞대어 프로그램을 만들고 한 주 한 주 아이와 호흡하며 다듬어 나간 결과물을 모아 보았다.

1년을 한 맥락으로 열두 달, 12주제

1권에서와 마찬가지로 집단미술치료 프로그램을 12개의 주제로 나누어 월별로 구성하였고 매월의 프로그램은 유아, 아동, 청소년의 가정 및 학교생활을 중심으로 하여 1년을 전체적인 한 맥락으로 조망할 수 있도록 하였다. 이는 다음과 같다.

1월 새로운 한해를 시작하며 자신에 대해 깊은 탐색을 유도하는 '자기탐색'

2월 사진이라는 새로운 매체를 통해 나와 가족에 대해 알아가는 '사진과 나'

3월 새 학기가 시작되어 새로운 친구, 새로운 선생님과 관계를 잘 형성할 수 있도록 돕는 '타인과의 소통'

4월 명화 감상을 통하여 살아가는 데 필요한 가치를 알아보는 '가치'

5월 자극 그림에 상상을 더해서 그림을 완성하며 숨겨진 마음을 들여다보는 '그림 더하기'

6월 학기 중 가장 힘든 시간을 견디는 방법을 찾아보는 '살아남기'

7월 친구와 함께하는 공동 작업을 통해 즐거움을 나누는 '함께하기'

8월 방학기간을 맞아 그동안 쌓인 스트레스를 안전한 방법으로 풀어 보는 '스트레스 해소'

9월 조금씩 자라고 있는 자신을 확인하는 '자기성장'

10월 자신의 긍정적인 면을 찾으며 더욱 성숙해진 자신을 만나는 '도약'

11월 나의 힘을 보충하는 '에너지'

12월 한 해를 돌아보며 자신의 변화와 성장에 스스로 칭찬을 선물하는 '자기보상'

어떻게 사용하면 좋을까
아이디어를 보태어 맞춤옷을 만들 듯

제시된 월별 순서에 맞추어 진행할 필요는 없다. 각자에게 맞는 주제를 발췌하여 사용할 수 있다.

이 프로그램들은 집단미술치료를 위해 고안된 것이지만 개별 미술치료에도 적용할 수 있다. 또한 유아, 아동, 청소년뿐 아니라 성인에게도 적용할 수 있다.

1권을 출판하고 2년이 지났다. 여러 사람의 손과 마음이 모여서 1권보다 내용이 풍부해졌고, 다양한 접목을 시도한 2권이 나왔다. 이 책을 읽는 독자 또한 아이디어를 보태어 각자가 만나는 아이에게 도움이 되는 방법을 찾아 나가기를 바란다.

끝으로
감사합니다

이 책의 프로그램을 실제로 아이에게 함께 적용해 보고 아낌없는 조언과 도움을 주신 부산인지학습증진센터의 조효주 선생님, 그리고 이 책의 출판을 기꺼이 승낙해 주신 학지사 김진환 사장님, 교정과 편집을 위해 수고해 주신 박혜미 선생님에게 진심으로 감사 드린다.

2012년 10월
저자 일동

Contents

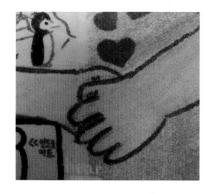

4월 가치

우리! 살아가는 데 필요한 가치가 있어요

5월 그림 더하기

상상 더하기! 숨겨진 내 마음을 들여다봐요

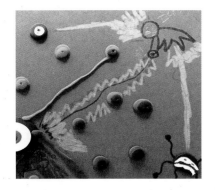

6월 살아남기

학기 중! 가장 힘든 시간 속에서 살아남아요

차 례

7월 함께하기

함께해요! 즐거움을 나누어요

8월 스트레스 해소

여름방학! 힘든 것들을 시원하게 날려요

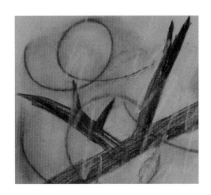

9월 자기 성장

2학기! 나는 조금씩 자라고 있어요

10월 도약

발견! 더욱 성숙해지는 나를 만나요

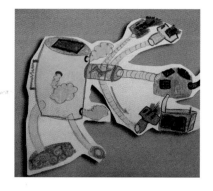

11월 에너지

충전! 나에게 힘을 더해요

12월 자기보상

한 해를 돌아보며! 나에게 선물을 주어요

1월

새로운 한 해!
시작은 나 자신을 알아가는 것부터 해요

자기 탐색

1주

내가 사는 세상

█ 목 표

1. 아동이 가정이나 또래관계에서 편안하게 보호를 받고 있는지, 물리적이거나 심리적인 위험에 처해 있는지를 알아볼 수 있다.
2. 아동이 가끔 '그렇게 되었으면……' 하고 바라는 것이 반영되므로 자신의 환경에 대한 아동의 욕구를 살펴볼 수 있다.

█ 준비물

여러 장의 새와 물고기 그림[1], 도화지, 풀, 가위, 사인펜, 크레파스나 색연필

█ 활동방법

1. 치료사가 그려 놓은 새와 물고기 그림을 보여 주며 두 가지 중 한 종류를 선택하게 한다.
2. 도화지에 자신이 선택한 새나 물고기를 원하는 숫자만큼 골라 붙인다(붙이기 전 가위로 오리거나 손으로 찢어서 모양을 변경할 수 있음을 알려 준다).
3. 그 새나 물고기가 사는 주위 환경을 추가로 그리게 한다.

---

1) 2009년 영남대학교 미술치료학과 주최 'A Developmental Approach Workshop'에서 Terry Towne가 소개한 실습에서 제공된 도안

4. 아동이 그림을 설명하도록 한 후 그림에 대한 다양한 질문을 통해 아동의 이야기
   를 듣는다.

   • 여기는 어디입니까?

   • 물고기/새는 무엇을 하고 있습니까?

   • 물고기/새의 기분은 어떻습니까?

   • 이곳의 분위기는 어떻습니까?

   • 물고기/새는 무엇을 먹고 있을까요?

   • 물고기/새는 어떻게 먹이를 먹을까요?

   • 이 그림의 물고기/새가 이전에는 무엇을 했을 것 같습니까?(과거의 상황과 환경)

   • 이 그림의 물고기/새가 나중에는 어떻게 될 것 같습니까?(미래의 상황과 환경)

   • 만약 종이가 더 커진다면 이 그림 밖에는 어떤 그림을 더 그리고 싶습니까?

   • 어떤 부분이 제일 마음에 들었습니까?

   • 어떤 부분이 그리기 어려웠고 마음에 들지 않았습니까?

5. 활동 후 느낀 점에 대해서 이야기 나눈다.

▌주의사항

1. 표현된 그림의 해석보다는 치료사의 질문을 통해 아동의 이야기를 듣는 것이 더
   중요하다.

2. 혹시 아동이 불우한 환경임에도 불구하고 휘황찬란한 그림을 그렸을 경우에는
   "이렇게 살고 싶니?" 등 조금 더 상세하게 질문함으로써 아동의 내적 욕구를 탐
   색한다.

3. 가능하면 미래형 질문을 사용하는 것이 좋다(예: 둥지에 알이 많으면 어떻게 될까?).

4. 아동이 표현한 그림 내용이 위험한 상황에 있는 경우에는(예: 잡아먹힌다, 탈출한
   다 등) 질문을 통해 이야기 나누는 시간을 꼭 가진다.

case

세상 [世上]

사람이 살고 있는 모든 사회를 통틀어 이르는 말,
또는 어떤 개인이나 단체가 마음대로 활동할 수 있는 시간이나 공간

Terry Towne이 소개한 그림

오른쪽 방향을 바라보는 도안만 있어 왼쪽 방향을 보는
새와 물고기를 추가로 만들어 사용하였음

사례 1. 도안을 사용한 경우　　　　　　　초등 5, 남학생

잠수정에서 화살포를 발사하여 물고기들을 잡고 있다. 엄마와 아기 물고기는 앞서 도망가고 있고 가운데 물고기(자신)는 해초에 걸려 꼼짝하지 못하고 있는 상황이다. 잠수정 아래에 날카로운 이를 가진 전기상어(아빠)는 잠수정에서 날아오는 화살포를 다 삼켜서 거대 상어가 된다.

위협적인 상황에서 자신을 도와줄 가족적 지원이 없으며, 무기력함을 표현하였고 강한 힘을 가진 대상으로 아빠를 표현하고 있다.

사례 2. 도안과 콜라주를 사용한 경우   초등 4, 여학생

나무 위에 새둥지가 있는데 둥지 안에는 아기 새 두 마리(자신과 동생)가 있다. 커다란 구렁이가 나무를 타고 올라오고 있는데 엄마 새는 숲 속에서 무슨 일이 일어나는지 구경하느라 구렁이를 미처 보지 못하였다. 결국 아기 새들은 구렁이한테 잡아먹히고, 엄마 새는 친구들에게로 날아가 버린다.
엄마마저 자기를 버리고 떠날 수 있다는 이혼 가정 아동의 불안감이 그대로 표현되었다.

사례 3. 새 사진을 사용한 경우   대학생, 여학생

왼쪽 가지에 앉아 있는 두 마리 새(친구)는 서로 마주 보고 사랑을 속삭이며 사이좋게 지내는데 오른쪽 가지에 앉아 있는 새(자신)는 외톨이다.
두 마리의 새가 앉아 있는 가지는 굵고 튼튼하게 표현하여 친구들의 환경과 상황이 훨씬 안정적인 것으로 지각하고 있음과 또래관계에서의 외로움이 잘 드러나고 있다.

다시 한 번 해 봐요

자신이 표현한 새나 물고기가 지금보다 더 행복하게 살아
가려면 어떤 환경이 제공되면 좋을지 하루에 한 가지씩
단어의 의미를 깊이 생각해 보고 자신의 생각을 적어 봅
시다.

단 어	어떤 환경이 제공되면 좋을지 단어에 맞게 나의 생각을 적어 보세요.
안전하다	
편안하다	
기분 좋다	
잘 자란다	
꿈을 꾼다 (소원이 이루어진다)	
자랑스럽다	

내가 장미라면

▌목 표

1. 장미덩굴로 자신을 투사하여 미처 자각하지 못했던 자신에 대한 감정, 욕구, 주변에 대한 인식 등을 자각하고 표현할 수 있다.
2. 자신의 성장을 위해 필요한 것들이 무엇인지 살펴볼 수 있다.

▌준비물

도화지, 사인펜, 크레파스나 색연필

▌활동방법

1. 눈을 감고 자신을 장미덩굴이라고 상상한다.
2. 상상하는 동안 여러 가지 질문에 대해 생각해 본다.

- 어디에 있는 장미덩굴인가요?
- 크기(높이나 길이)는 얼마만큼인가요?
- 이 덩굴은 얼마나 오래되었나요?
- 꽃 피운 장미의 수 또는 봉오리는 얼마나 되나요?
- 가시의 수는 얼마나 되나요?
- 이 장미덩굴이 앞으로 어떻게 될 것 같나요?

3. 상상한 장미덩굴을 그리고 각자 자신의 장미덩굴에 대해 설명한다.

4. 자신의 능력 중 이미 활짝 핀 장미꽃처럼 잘 기능하고 있는 것은 무엇인지, 꽃봉 오리로 표현할 수 있는 능력은 무엇인지 이야기 나눈다.

5. '내게 있는 가시'는 나 자신을 방어하기 위한 것인지, 타인을 공격하기 위한 것인 지, 장미덩굴에 있는 가시의 수, 크기 등과 관련지어 생각해 보고 이야기 나눈다.

6. 만약 '내가 이 장미덩굴이라면' 나에게 필요한 것들이 무엇인지 이야기 나눈다.

7. '내가 이 장미덩굴의 주인이라면' 이 장미덩굴을 어떻게 보살펴 줄 것인지, 이 장미덩굴에게 필요한 것은 어떤 것인지 주인의 입장에서 생각해 보고 이야기 나 눈다.

8. 실제 자신의 성격과 장미덩굴을 비교해 보고 자신과 유사하거나 차이가 나는 점 은 어떤 것인지 생각하고 이야기 나눈다.

9. 활동 후 느낀 점에 대해서 이야기 나눈다.

▌주의사항

1. 장미덩굴을 떠올리지 못하는 아동의 경우 장미덩굴의 사진이나 실제 장미덩굴을 보여 줄 수 있지만, 아동이 본 이미지가 아동이 그림으로 그려 내는 장미덩굴 이 미지에 영향을 줄 수 있으므로 가능하면 실물 이미지보다는 언어로 설명하도록 한다.

2. 장미가시와 관련해 아동의 공격성(잠재적 공격성 포함)과 관련된 것이 표현된다면 개별적으로 공격성을 표출시키거나 완화할 수 있는 미술치료 프로그램을 연계하 여 적용한다.

덩굴 [蔓]

길게 뻗어 나가면서 다른 물건을 감기도 하고
땅바닥에 퍼지기도 하는 식물의 줄기

사례 1.

초등 3, 남학생

자신의 장미나무는 '잭과 콩나무'에 나오는 콩나무 줄
기처럼 사람이 타고 올라갈 수 있을 정도로 굵고 하늘
에 닿을 만큼 높이 자랐다고 표현하였다.
따뜻한 태양을 받으며 안정적인 환경에서 잘 성장하고
있음을 나타내고 있다.

사례 2.

중등 2, 여학생

자신의 장미덩굴은 온통 가시투성이이며
복잡하게 줄기가 엉켜 있어서 그 주변에
어떠한 식물도 뿌리 내리지 못하고 자라지
못한다고 표현하였다. 그러나 자신의 장미
는 줄기가 굵어지고 있으며 온갖 아름답고
화려한 모양으로 꽃을 피운다고 하였다.
왕따를 당해 친구관계는 힘들지만 미술치
료를 통해 자신감을 회복해 가는 모습이
표현되었다.

사례 3. 자연물을 사용한 경우   초등4, 남학생

그림 그리기를 힘들어하는 아동의 경우, 실제 나뭇가지, 잎, 꽃 등의 자연물로 장미덩굴을 표현
해 보도록 한다. 자신이 만든 작품을 보며, 이야기 나누기를 통해 자신에 대한 탐색작업이 이루
어지도록 지도한다.

다시 한 번 해 봐요

일주일 동안 '나를 자라게 하는 것'들을 찾아봅시다. 제
일 도움이 되었던 것과 도움이 되지 않았던 것, 필요했
으나 도움 받지 못한 것을 찾아봅시다.

번 호	일주일 동안 나를 자라게 하는 모든 것을 찾아봅시다.
1	
2	
3	
4	
5	
6	
7	
8	

☆ 나를 자라게 하는 모든 요소 중 나에게 제일 도움이 되었던 것은 무엇입니까?

☆ 나를 자라게 하는 모든 요소 중 나에게 도움이 되지 않았던 것은 무엇입니까?

☆ 나에게 필요했으나 그 당시 도움 받지 못한 것은 무엇입니까?

**3
주**

종이로 만든 나

목 표

1. 종이로 만든 조형물을 통해 자신을 객관적으로 볼 수 있다.
2. 자신과 관계된 사람들을 객관화시켜 살펴볼 수 있다.

준비물

도화지, A4용지 2장

활동방법

1. A4용지를 반으로 자른다. 반으로 자른 2장의 A4용지를 접거나 구기거나 찢어서
   자신을 표현하도록 한다.
2. 앞과 같은 방법으로 자신과 관계된 한 사람을 표현하도록 한다.
3. 도화지에 자신을 표현한 것과 자신과 관계된 사람을 표현한 것을 배치시킨다.
4. 종이로 표현한 자신과 자신과 관계된 사람의 형상의 의미는 무엇인지, 왜 그런
   모습으로 표현하였는지 발표한다.
5. 종이로 만든 자신을 보면서 느낀 점에 대해 이야기 나눈다.
6. 친구가 만든 종이 조형과 그 의미에 대한 설명을 듣고 난 후 친구의 모습과 관련
   지어 어떤 느낌이 드는지 발표한 친구에게 각자 자신의 생각을 이야기해 준다.

7. 활동 후 느낀 점에 대해서 이야기 나눈다.

주의사항

1. 종이에 실제 사람 형상을 그리거나 오려서 표현하지 않고 가능하면 종이를 구기거나 오리거나 찢어서 상징적으로 표현하도록 지도한다.

2. 종이로 표현하는 과정에서 자나 가위 등은 가급적 사용하지 않도록 한다.

case

객관화 [客觀化]
자기에게 직접 관련되는 사항을
제삼자의 입장에서 보거나 생각하는 일

사례 1.
초등6, 남학생

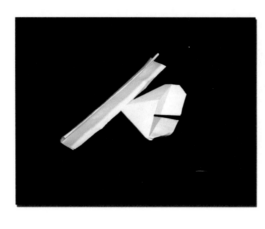

자신을 전기톱과 톱날로 표현하였다. 전기톱
의 동작 버튼을 누르면 아주 날카롭고 위험
한 전기톱이 멈추지 않고 작동하는 것처럼
자신도 감정이 한번 폭발하면 화와 짜증이
주체할 수 없이 계속 터져 나오기 때문이라
고 하였다.
부정적 감정을 유발하는 마음속의 울화는
무엇 때문인지, 전기톱의 전원처럼 자신을
움직이게 하는 동력은 무엇인지 생각해 보
고, 이를 긍정적 에너지로 바꾸려면 어떤 작
업이 있어야 할지 등을 탐색해 보았다.

사례 2.
초등5, 여학생

자신을 빗자루, 쓰레기, 쓰레받기로 표현하
였다. 자신의 머릿속은 온갖 잡다한 생각과
걱정으로 가득 차 있는데, 떠오르는 생각과
걱정을 생각하면 더 불안하여 항상 빗자루
와 쓰레받기로 무조건 쓸어 모아 놓기 때문
이라고 하였다.
이야기 나누는 과정을 통해 이제는 불안과
걱정, 잡다한 생각을 해결할 수 있고 시간을
두고 기다리며, 도움을 청해야겠다고 하였다.

사례 3.   초등 5, 남학생

자신을 망치, 권총, 방패로 표현하였다. 자신은 공격도 가능하고 방어도 가능한 무기이기 때문에 부모님이나 선생님이 야단을 쳐도 별로 겁이 나거나 무섭지 않으며 친구들이 따돌려도 걱정되지는 않는다고 하였다.

주변 사람들과는 상관없이 자신만 불편하지 않으면 된다는 생각이 지배적이어서 지속적으로 자신으로 인해 불편해하고 힘들어하는 타인에 대한 정서적 조망 능력을 가지도록 도와줘야 할 아동이다.

사례 4.   초등 6, 집단 협동작업

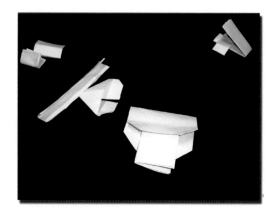

집단원들이 이야기를 나누며 서로 의논하여 종이로 자신을 표현한 각자의 상징물을 모두 모아 재배열시켰다. 그리고 각자 상징의 장점을 통합하여 집단원과 집단 전체의 장점을 찾는 작업을 하였다. 또한 이 집단에 이런 상징을 가진 친구가 있어서 좋은 점과 이런 친구가 필요한 이유 등을 집단원들이 함께 탐색하는 시간을 가졌다.

자연스럽게 서로를 격려해 주고 인정해 주는 분위기가 만들어졌으며 이러한 소속 집단원들의 인정은 자아존중감을 높여 주는 데 아주 유용한 활동이다.

다시 한 번 해 봐요

사람은 누구나 신체, 기분, 감정의 상태 등이 매일 조금씩 변해요. 매일 '내 모습'을 종이로 표현해 봅시다.

요 일	종이로 만든 내 모습	설 명
월		
화		
수		
목		
금		

나에게 필요한 표지판

▌목 표

1. 표지판의 의미에 대하여 알아보고 자신에게 필요한 표지판을 만들어 관계하고 있는 환경에서 지켜야 할 사회적 약속에 대해 생각해 볼 수 있다.

2. 자신의 성격이나 특성 등의 의미를 상징적이고 함축적으로 표현하는 연습을 해 볼 수 있다.

▌준비물

도화지, 마분지, 풀, 가위, 사인펜이나 색연필

▌활동방법

1. 표지판의 의미는 무엇인지, 자신이 알고 있는 표지판의 종류는 어떠한 것들이 있는지 이야기 나눈다.

2. 표지판이 사회적 약속임을 알고 난 후, 자신에게 필요한 표지판은 어떤 것이 있는지 알아본다.

3. 학교와 가정에서 '내가 지켜야 할 표지판'을 각각 5개씩 만들고 꾸민다.

4. 이 표지판대로 행동한다면 어떤 일들이 일어날지 예측하여 표지판 뒷면에 추가로 표현해 본다.

5. 자신이 만든 표지판이 쓰여야 할 장소, 시간 등은 어떤 것인지 생각하고 이야기 나눈다.

6. 활동 후 느낀 점에 대해서 이야기 나눈다.

▌주의사항

1. 표지판은 함축적이고 상징적으로 표현하도록 하며 가능하면 문자 사용은 피하도록 유도한다.

2. '접근 금지' '조심' '위험' '돌아가시오' 등의 부정적 의미보다는 긍정적 의미의 표지판을 표현하도록 격려하고 유도한다.

case

표지판 [標識板]
어떠한 사실을 알리기 위하여 일정한 표시를 해 놓은 판

사례 1.
초등 5, 남학생

[표지판 앞면]

[표지판 뒷면]

자신에게는 '햄을 많이 먹지 않기' '눈썹 뽑지 않기' '공부를 열심히 하기'가 필요하다며 표지판을 만든 아동의 작품이다. 표지판 뒷면에는 이 표지판대로 행동하였을 경우 국어 공부를 다 하고 신나서 만세를 부르고 있는 모습, 긴 눈썹을 보란 듯이 눈을 아래로 내리깔고 있는 모습, 햄이 가득 담긴 접시를 보고도 눈을 돌리고 외면하며 즐거워하는 자신의 모습을 상상하여 그렸다.

사례 2.
초등 3, 남학생

자신의 충동을 잘 조절하지 못하고 뜻대로 되지 않을 경우 폭력적으로 행동하여 또래와의 관계가 원만하지 못한 아동인데, 친구와 재미있고 즐겁게 지내는 표지판을 표현했다. 이 표지판을 보면 울고 있던 얼굴(상단의 얼굴 표정)이 미소를 띤 밝은 표정(하단의 얼굴 표정)으로 바뀌면서 '행복해진다.'고 표현하였다.

사례 3.
초등2, 남학생

1. 컴퓨터 오래하기 금지

'컴퓨터 오래하기 금지' 표지판을 만들었다. '하루에 30분만 하기'라고 자신의 의지를 표현하였다.

2. 선생님께 인사하기

선생님께 야단을 자주 들어서 화가 나 선생님을 만나도 그냥 지나갔는데 인사를 안 하면 더 혼나게 된다고 하소연하였다. 야단맞는 일을 줄이는 방법으로 선택한 내용을 표현하였다.

다시 한 번 해 봐요

우리 가족과 친구에게 필요한 표지판은 어떤 것이 있는 지 알아본 후 직접 만들어 봅시다.

우리 가족과 친구에게 필요한 표지판은 어떤 것이 있을 까요?

요 일	대 상	어떤 표지판이 필요할 것 같나요? 그려 보세요.
월		
화		
수		
목		
금		

2월

새로운 눈으로!
나에 대해, 우리 가족에 대해 알아 가요

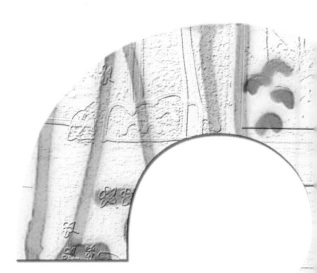

사진과 나

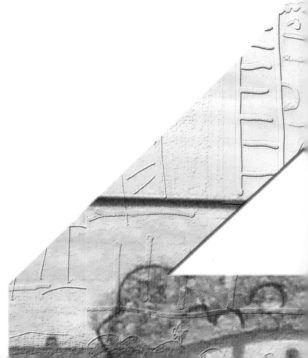

**1
주**

사진에 담긴 마음

▍목 표

1. 자신이 찍은 사진을 통해 자신의 핵심 감정을 탐색할 수 있다.

2. 자신의 감정을 인식하고 수용할 수 있다.

▍준비물

즉석 카메라, 도화지, 풀, 유성매직, 사인펜, 크레파스, 색연필, 파스텔

▍활동방법

1. 자신이 사진 작가가 되어 실내외에서 찍고 싶은 물건이나 장소를 탐색한다.

2. 즉석 카메라로 자신이 찍고 싶은 사진을 3장 찍는다.

3. 도화지에 3장의 사진을 붙이고 빈 곳을 채워 꾸민다.

4. 완성된 그림을 보면서 연상되는 이야기를 만든다.

5. 자신이 찍은 사진과 현재 자신의 마음이 어떤 관계가 있는지 살펴본다.

6. 활동 후 느낀 점에 대해서 이야기 나눈다.

▍주의사항

1. 즉석 카메라 조작법을 숙지하도록 하여 사진을 찍을 때 원하는 장면을 찍을 수 있도록 한다.

2. 집단원이 많을 경우 즉석 카메라 사용 순서 정하기, 질서 지키기, 한 사람당 사진 찍는 데 소요되는 시간 정하기 등을 지도하여 혼란스럽지 않도록 한다.

3. 연령이 낮은 아동의 경우, 사진과 마음의 관계 탐색을 위해 사진을 찍은 이유가 무엇인지, 어떤 느낌인지 설명할 수 있도록 질문을 제공한다.

4. 찍고 싶은 장면이 있으나 사정이 여의치 않다면 필름 종이에 원하는 장면을 직접 그릴 수도 있다.

사진 [寫眞]

실물의 모양을
있는 그대로 그려 냄

 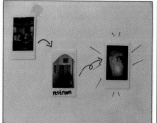 

단계 1
자신이 찍고 싶은 사진을 찍는다.

단계 2
도화지에 3장의 사진을 붙인다.

단계 3
사진 주변을 꾸며서 완성한다.

사례 1.

고등3, 여학생

- **찍은 것**: 사무실 담당 선생님 책상, 화장실, 액자
- **찍은 이유**: 자주 가는 곳, 정감이 가고 눈길이 많이 가는 것이다.
- **설 명**: 대학생이 되면 책상에 장시간 앉아서 공부를 해 보겠다. 설렘과 긴장을 준다. 미래에는 어머니의 모습이 되고 싶다.
- **핵심 감정**: 평범해 보이지만, 하나의 예술 같았다. 미래에 원하는 것, 대학 진학에 대한 욕구인 것 같고 설레기도 하고 긴장되기도 한다.

사례 2.

- **찍은 것**: 계단, 나무, 풍경
- **찍은 이유**: 예쁘기도 하고 상담 센터를 만들고 싶었다.
- **설 명**: 지금 내가 있는 이곳이다.
- **핵심 감정**: 우물에서 두레박을 잃어버린 것 같다. 희망을 갖고 싶다. 내 안에서 희망을 찾는다면 '자신감'인 것 같다.

사례 3.

- **찍은 것**: 텐트, 작은 벽 앞의 나무, 숲과 의자 작은 책상이 있는 것
- **찍은 이유**: 공원에 있는 것이 좀 더 찍을 게 많을 것 같아서다.
- **설 명**: 공원에 있는 집이 거의 무너지려고 해서 아무도 살고 있지 않고, 벌들이 이곳을 비밀기지로 삼고 떼를 지어 돌아다니면서 지키며 아무도 못 들어오게 하고 있다.
- **핵심 감정**: 여기에서 나오는 벌은 용감하고 왠지 싸움을 잘하는 것 같아서 나도 그렇게 되고 싶다.

다시 한 번 해 봐요

자신이 찾은 핵심 감정이 불편한 감정인지 편한 감정인지
찾아보고 불편한 감정이라면 없앨 수 있는 방법을, 편한
감정이라면 강화시키기 위한 방법을 찾아봅시다.

요 일	편한 감정을 강화시키는 방법	불편한 감정을 없애는 방법
월		
화		
수		
목		
금		

사진 이미지와 감정

▍목 표

1. 현재의 주된 감정을 신체로 표현하고 사진을 찍음으로써 자기 감정을 시각화하여 살펴볼 수 있다.
2. 여러 가지 감정을 연관되는 이미지로 표현할 수 있다.
3. 타인의 신체적인 표현을 탐색하여 타인의 감정을 공감할 수 있다.

▍준비물

카메라, 인화지, 프린터, 다양한 이미지 사진, 색지, 풀, 가위, 사인펜, 색연필

▍활동방법

1. 자신이 아는 감정에 대해 살펴보고 그 감정을 어떤 상황에서 느끼는지 이야기 나눈다.
2. 두 명이 한 조가 되어 각자가 많이 느끼는 감정을 찾아본다. 그 감정이 느껴질 때의 경험을 생각하면서 신체 표현을 하고 친구가 사진을 찍어 준다.
3. 감정에 따른 신체 표현을 관찰한다.
    • 얼굴 표정은 어떠한가?
    • 몸짓은 어떤 형태를 하고 있는가?

- 신체의 어느 근육이 긴장되고 이완되는가?

- 몸 전체가 구심적인가, 원심적인가?

- 에너지의 방향은 어떠한가?

4. 자신의 감정에 어울리는 색지를 선택한 후, 친구가 찍어 준 사진과 이 감정을 느 낄 때 떠오르는 이미지를 붙이고 꾸민다.

5. 요즘 자신은 어떤 감정을 많이 느끼는지 이야기 나누고 집단원들은 그 감정에 어 울릴 것 같은 이미지를 붙여 준다.

6. 활동 후 느낀 점에 대해서 이야기 나눈다.

▌주의사항

1. 여러 가지 감정 단어를 준비하여 감정에 대해 생각해 보도록 한다.

2. 다양한 풍경과 사물의 이미지를 충분히 준비하고 사진을 쉽게 찾을 수 있도록 넓 은 면적에 전시를 하도록 한다.

3. 원하는 이미지가 없을 경우에는 즉석에서 사진을 찍거나, 잡지나 인터넷 서핑을 활용할 수 있도록 하되, 시간 제한을 두어 이미지 선택에 지나치게 시간을 보내 지 않도록 한다.

4. 감정과 떠오르는 이미지에 대한 자유로운 탐색이 어려울 경우, 풍경 · 날씨 · 물 건 등의 분류를 제시하거나, 그 감정을 느꼈을 때를 떠올려 보고 관련 물건이나 풍경을 찾을 수 있도록 한다.

Tip 감정을 나타내는 단어

기쁨, 사랑		슬픔	분노	고통	공포	기타
기쁘다	사랑하다	우울하다	화나다	탄식하다	불안하다	부끄럽다
자랑스럽다	좋아하다	슬프다	분노하다	한탄하다	무섭다	무안하다
흥분하다	그립다	불행하다	불쾌하다	고통스럽다	놀라다	샘나다
우쭐하다	보고 싶다	공허하다	짜증나다	괴롭다	떨리다	약오르다
통쾌하다	들뜨다	허무하다	지겹다	고민하다	징그럽다	부럽다
시원하다	따뜻하다	쓸쓸하다	답답하다	아프다	긴장하다	신비하다
신이 나다	행복하다	어둡다	무시하다	충격적이다	당황하다	신기하다
든든하다	설레다	캄캄하다	경멸하다	안달하다	두렵다	이상하다
개운하다	즐겁다	실망하다	미워하다	속상하다	소름끼치다	어지럽다
상쾌하다	편안하다	서글프다	증오하다	힘들다	조마조마하다	멍하다
감사하다	촉촉하다	어이없다	시기하다	쓰라리다	걱정스럽다	나른하다
감격하다	산뜻하다	외롭다	괘씸하다	비참하다	초조하다	귀찮다
안심하다	멋지다	적막하다	싫증나다	숨막히다	소스라치다	궁금하다
후련하다	달콤하다	울적하다	싸늘하다	억울하다		느슨하다
흡족하다	만족하다	허전하다	냉정하다	언짢다		뉘우치다
싱그럽다	기대되다	삭막하다	신경질나다	간절하다		아쉽다
환하다	두근거리다	메마르다	심술나다	안타깝다		짜릿하다
뭉클하다	흐뭇하다	서럽다	서운하다	지치다		지루하다
흥겹다		울고 싶다	섭섭하다	애타다		따분하다
뿌듯하다		심란하다	분하다	감질나다		심심하다
풍요롭다		불쌍하다	아깝다	뒤틀리다		아득하다
		한스럽다	원망스럽다	꼬이다		
				피곤하다		
				고달프다		

감정 [感情]

어떤 현상이나 일에 대하여
일어나는 마음이나 느끼는 기분

사례 1.

초등1, 남학생

- **많이 느끼는 감정**: 기쁘다.
- **신체 표현**: 몸을 펼쳐서 하늘을 날아가는 것 같다. 몸이 가볍다.
- **물건**: 좋아하는 핸드폰으로 전화가 올 때 기쁘다. 좋아하는 카레, 딸기, 스파게티를 생각하면
  기쁘다.
- **풍경**: 하늘을 나는 풍경. 엄마, 아빠와 함께 목장에 놀러 갔을 때 기뻤다.
- **친구가 붙여 준 것**: 피자(이유: 먹는 것을 좋아해서)

사례 2.

초등6, 남학생

- **많이 느끼는 감정**: 화난다.
- **신체 표현**: 머리에서 뿔이 나는 것 같다. 다리를 떨게 된다.
- **물건**: 로켓, 롤러코스터 등 화난 감정의 상태를 대표하는 물건들이 연상되었다.
- **풍경**: 번개가 치는 풍경, 산불이 나서 모두 불에 타는 모습, 집이 불타서 재만 남은 모습
- **친구가 붙여 준 것**: 주전자(이유: 화난 모습이 물이 펄펄 끓어 넘치는 주전자와 닮아서)

사례 3.   초등 6, 여학생

- **많이 느끼는 감정**: 답답하다.
- **신체 표현**: 시험지의 내용이 무엇인지 몰라 답답해서 고개를 푹 숙이고, 어깨는 축 처지고, 몸은 쓰러질 듯한 모습이다.
- **물건**: 연필, 책, 컴퓨터 등 학업과 관련된 것들이 연상되었다.
- **풍경**: 많은 책과 책상이 있는 나의 방, 복잡한 도시
- **친구가 붙여 준 것**: 색연필(이유: 점수를 매길 때 쓰는 색연필이 답답한 마음과 연관될 것 같아서)

다시 한번 해 봐요

내가 알고 있는 감정은 어떤 것이 있는지 알아보고 그 감정을 몸으로 표현하여 사진을 찍어 붙이고 이 감정과 연관해서 떠오르는 풍경과 사물 등의 사진을 선택하여 붙여 봅시다.

감 정	감정을 표현하는 사진

사진으로 본 나의 일생

▌목 표

1. 자신의 과거, 현재, 미래 모습을 탐색하여 자신을 이해할 수 있다.
2. 자신의 변화에 대해 인식하고 변화를 이끄는 힘에는 어떤 것이 있는지 탐색할 수 있다.

▌준비물

어린 시절의 나의 사진, 현재의 나의 사진, 도화지, 풀, 가위, 사인펜, 색연필, 연필

▌활동방법

1. 사진을 보여 주며 '어린 시절의 나'와 '현재의 나'를 소개한다.
2. 자신의 모습이 어떻게 변화했는지 살펴본다.
   - 신체적인 면에서 어떻게 변화했는가?
   - 성격적인 면에서 어떻게 변화했는가?
   - 생활기술 면에서 어떻게 변화했는가?
   - 변화의 원동력이 된 것은 무엇인가?
3. 도화지 위에 내 인생의 길을 그리도록 한다. 그 길 위에 어린 시절의 내가 있는 지점과 현재의 내가 있는 지점을 표시하고 사진을 붙인다.

4. 어린 시절의 모습에서 현재의 모습이 되기까지의 변화와 변화를 이끈 원동력을 표현한다.

5. 변화해 온 자신에 대해 스스로 격려의 말을 해 주고, 도움을 받은 것이 있다면 누구에게 어떤 감사의 표현을 할지 이야기 나눈다.

6. 활동 후 느낀 점에 대해서 이야기 나눈다.

▌주의사항

1. 과거와 현재의 자신의 모습을 집단원에게 소개할 때 부정적인 피드백이나 놀리는 일이 없도록 미리 약속을 하여 주의하도록 한다.

2. 긍정적인 변화든 부정적인 변화든 변화 자체에 대해 탐색할 수 있도록 하고 평가를 하지 않도록 한다.

case

일생 [一生]

세상에 태어나서
죽을 때까지의 동안

사례 1.

초등 6, 남학생

[변화]

- **신체 변화**: 살이 쪘다. 안경을 쓴다.
- **성격 변화**: 동생, 친구와 사이가 안 좋아졌다.
- **능력 변화**: 영어를 잘하게 되었다. 아는 게 많아졌다.
- **기타 변화**: 곤충과 미술이 좋다는 것을 알게 되었다. 게임을 좋아하게 되었다.

[현재 변화의 원동력]

선생님의 도움, 엄마의 도움, 나의 연습, 나의 노력

사례 2.

중등 2, 여학생

[변화]

- **신체 변화**: 키가 자랐다.
- **성격 변화**: 착해졌다.
- **능력 변화**: 숫자, 말하기, 그리기, 발표, 머리 묶기, 혼자 숙제하기, 만들기, 시계 보기, 혼자 양말 신기, 검도, 컴퓨터, 큰 목소리로 발표하는 것을 잘하게 되었다.

[현재 변화의 원동력]

엄마, 선생님, 친구, 나의 의지력

49

사례 3.
중등2, 여학생

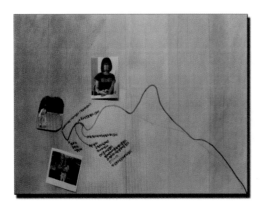

[변화]

- **신체 변화**: 키가 많이 자랐다.
- **성격 변화**: 화를 낸다. 욕을 한다. 내 마음을 좀 표현하는 것 같다.
- **능력 변화**: 옛날보다 말과 행동의 속도가 빨라졌다.
- **기타 변화**: 핸드폰이 생겼다. 학원이 4개로 늘어났다. 엄마에게 혼나는 일이 줄어들었다.

[현재 변화의 원동력]

할머니의 사랑

사례 4.
초등3, 여학생

[변화]

- **신체 변화**: 머리가 길었다. 안경을 쓴다.
- **성격 변화**: 기다릴 줄 안다. 친구들과 함께 논다.
- **능력 변화**: 글씨를 잘 쓴다. 말을 잘한다. 공놀이를 잘한다. 가위질을 잘한다.

[현재 변화의 원동력]

엄마, 아빠, 선생님의 도움

다시 한 번 해 봐요

내가 바라는 미래의 모습을 잡지나 인터넷에서 찾아 붙여
보세요. 미래에 내가 바라는 모습이 되기 위해 내가 해야
할 일들은 무엇인지 생각해 봅시다.

미래의 내 모습
내가 바라는 미래의 모습을 신문, 잡지 등에서 찾아 붙여 주세요.
미래의 내 모습이 되기 위해 해야 할 일

4주

가족사진 속의 나

┃목 표

1. 가족을 소개하고 가족 구성원으로서의 자신을 인식할 수 있다.

2. 가족을 생각하면서 느끼는 자신의 감정을 인식하고 가족에게 고맙고 감사한 마음을 표현할 수 있다.

┃준비물

가족사진, 도화지, 풀, 가위, 사인펜, 색연필, 연필, 지우개

┃활동방법

1. 가족의 사진을 보여 주며 가족 구성원을 소개한다.

   • 가족 구성원들의 나이

   • 가족 구성원들이 하는 일

   • 가족 구성원들이 좋아하는 것

   • 가족 구성원 간의 공통점과 차이점 등 특징

2. 가족사진 속의 가족과 함께한 경험에 대해 회상하여 언제인지, 어디인지, 무엇을 하는 모습인지 이야기 나눈다.

3. 자신의 가족사진은 오래 간직하기 위해 찍은 사진인지, 생각과 행동의 변화가 있

는 시점을 기록하기 위해 찍은 사진인지, 위안을 주기 위해 찍은 사진인지 생각해 본다.

4. 자신과 가족과의 관계는 의존적인지 독립적인지, 구속되어 있는지, 격리되어 있는지 등을 탐색해 보고 이야기 나눈다.

5. 가족을 생각하면 느껴지는 감정을 이야기하고 색으로 표현한다.

6. 가족에게 고맙고 감사한 점은 무엇인지 이야기 나눈다.

7. 활동 후 느낀 점에 대해서 이야기 나눈다.

▌주의사항

1. 시간적인 여유를 두고 미리 집에서 앨범을 보면서 가족과 함께 경험한 것들을 되돌아보고 사진을 선택해서 가져오도록 하여 진행에 차질이 없도록 준비한다.

2. 가족사진을 복사하여 원본이 손상되지 않으면서 작품에 활용할 수 있도록 준비한다.

3. 저학년 아동의 경우 가족에 대한 생각들을 따로 메모해 두었다가 꾸미기에 활용할 수 있도록 한다.

가족 [家族]

부부와 같이 혼인으로 맺어지거나,
부모 · 자식과 같이 혈연으로 이루어지는 집단

 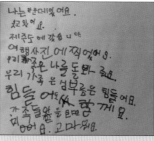 

단계 1
과거와 현재의 가족사진을 붙인다.

단계 2
가족의 특징과 고마운 마음을 글로 쓴다.

단계 3
가족에게 느끼는 감정을 색으로 표현한다.

사례 1.

초등3, 여학생

[사진 설명]

- **과거 사진**: 눈이 아주 많이 온 날 아파트 앞에서 찍은 기념사진이다. 우리 가족은 나를 둘러싸고 있다.
- **현재 사진**: 제주도에 가족 여행을 가서 찍은 사진이다. 즐겁고 기쁜 시간을 기억하기 위해 찍은 사진이다. 나는 어릴 때와 같이 가운데에 서 있고 가족들이 나를 돌봐준다.
- **변   화**: 내가 가운데 있는 것은 똑같지만 과거보다 내가 혼자 하는 일이 많아졌다.

[가족 소개]

• 우리 가족은 아빠, 엄마, 언니, 나 4명이다.

• 아빠, 엄마는 잘 웃는다.

• 언니는 밥을 많이 먹고 키가 많이 자랐다. 언니는 나와 잘 놀아 주는데 지금은 고3이라서 많이 놀아 주지 못한다. 언니가 공부를 다 하고 나랑 놀아 주면 좋겠다.

• 우리 가족이 나를 많이 돌봐준다. 힘들어도 가족의 심부름을 할 것이다.

[가족에 대한 감정]

가족을 생각하면 즐겁고 기뻐서 노란색 물감으로 색칠을 했다. 제주도 갈 때 비행기를 타고 가며 본 하늘색이 생각나서 파란색을 칠했다. 하늘색은 기분 좋은 색이다. 우리 가족은 서로 사랑한다. 사랑하는 마음을 분홍색으로 테두리로 표현했다.

사례 2.   초등 6, 남학생

[사진설명]

• **과거 사진**: 가족이 봄에 나들이를 가서 즐거운 시간을 기념하기 위해 찍은 사진이다. 동생은 어려서 아빠, 엄마가 많이 돌봐주어야 했다. 나는 동생보다는 덜 돌봐주셨다.

• **현재 사진**: 벚꽃놀이를 가서 기념으로 찍은 사진이다. 가족이 함께 놀러가는 것은 좋은데 사진 찍는 것은 좀 긴장된다. 동생이 자라서 이제 혼자서도 잘하고 나하고도 잘 논다.

• **변   화**: 과거에는 엄마 옆에서 의존적이었는데 현재에는 아빠 옆에 서 있고 좀 더 독립적이 된 것 같다.

[가족 소개]

- 우리 가족은 아빠, 엄마, 나, 동생 4명이다.
- 아빠는 운동을 많이 하고 내가 갖고 싶은 것을 많이 사 준다. 하지만 술을 많이 마시는 것은 줄였으면 좋겠다.
- 엄마는 집안일을 잘하고 요리를 잘한다. 내가 공부를 잘하도록 신경을 써 주신다. 엄마에게 공부는 중요하다.
- 동생은 남을 잘 속인다. 하지만 그림을 잘 그리고, 놀러 가는 것을 좋아하고, TV 보는 것, 동물을 좋아하는 것은 나와 공통점이다.

[가족에 대한 감정]

사진 속의 가족을 보면 즐겁다. 봄바람이 부는 시원한 느낌이 들어서 연두색과 노란색을 넣었고, 내가 제일 좋아하는 파란색도 사용했다. 동생과 다투거나, 공부를 하지 않아서 엄마한테 야단맞아 힘든 마음은 보라색으로 표현했다.

다시 한 번 해 봐요

가족에게 고맙고 감사한 마음을 담아 편지를 써 봅시다.

대 상	편 지
아 빠	
엄 마	
형제자매	
기타 가족	

3월

새학기!
새로운 친구들, 새로운 선생님을 만나요

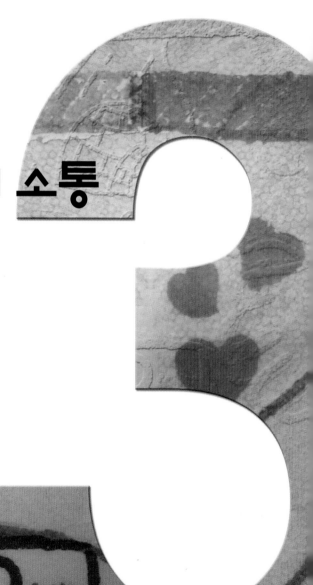

타인과의 소통

1주

귀 인[1]

목 표

1. 자신의 대처 행동에서 외부 귀인[2]과 내부 귀인[3]을 탐색할 수 있다.

2. 평소에 자신이 많이 사용하는 귀인 외에 다른 귀인 요소를 탐색하여 귀인 오류와 편향을 줄일 수 있다.

준비물

포스트잇, 4절지, 사인펜, 물감

활동방법

1. 평소 자신은 어떤 일 때문에 야단을 많이 듣는지 생각해 본다.

2. 자신이 어떤 부분 때문에 야단을 듣는지 '~때문이다.' 라고 탓할 내용을 포스트 잇에 사인펜으로 적거나 그린다.

1) 귀인(attribution)은 프리츠 하이더(Fritz Heider), 해롤드 켈리(Harold Kelley), 에드워드 E. 존스(Edward E. Jones), 리 로스(Lee Ross)에 의해 만들어진 사회심리학 이론으로, 사람들이 자신 또는 타인의 행동 원인을 설명하는 방식에 대한 이론
2) 상황이나 환경 등과 같은 개인의 '외적 요인' 또는 '환경적 요인' 으로 원인을 돌리는 것
3) 능력이나 노력 등과 같은 개인의 '내적 요인' 또는 '기질적 요인' 으로 원인을 돌리는 것

3. 탓하는 것이 외부의 원인 때문인지, 자신 내부의 원인 때문인지 4절지에 구분하여 붙이고 물감을 찍어 꾸며 본다.

4. 자신이 찾은 원인 중 외부 귀인이 많이 있다면 내부 귀인은 없는지 탐색해 보고, 내부 귀인이 많다면 외부 귀인을 탐색해 본다.

5. 자신은 평소 어떤 귀인을 많이 사용하는지, 그 이유는 무엇인지 탐색해 본다.

6. 활동 후 느낀 점에 대해서 이야기 나눈다.

▌주의사항

1. 외부 귀인과 내부 귀인을 모두 사용할 수 있지만, 좋은 결과는 내부 귀인을 사용하고 나쁜 결과는 외부 귀인을 사용하는 경우 등 귀인 오류와 편향은 바람직하지 않음을 작업 중에 알 수 있도록 예를 충분히 들며 설명해 준다.

2. 야단 듣게 되는 부정적 행동에 대해 아동이 외부 귀인만을 사용할 경우 행동변화를 유도하기 힘들기 때문에 내부 귀인도 할 수 있도록 유도해야 하는데, 단순히 '자신의 잘못'이라는 생각을 하지 않도록 대화나 적절한 질문을 제시해 준다.

탓 [誣]

주로 부정적인 현상이 생겨난 까닭이나 원인
또는 구실이나 핑계로 삼아 원망하거나 나무라는 일

사례 1.

초등 고학년 집단

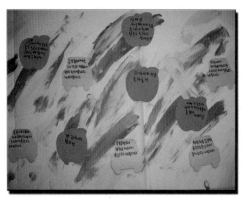

1. 내부 귀인

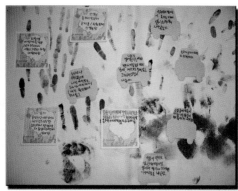

2. 외부 귀인

[내부 귀인의 예]

• 현장학습 갔을 때 음식으로 장난쳐서 혼났다(내 탓).

• 목욕할 때 엄청 늦게 해서 혼났다(내 탓).

• 공부를 해야 하는데 만화책을 봐서 엄마한테 혼났다(내 탓).

[외부 귀인의 예]

• 학원에서 옆 사람 좀 건드린 거 가지고 샘이 오해해서 나만 혼났다(선생님 탓).

• 울 반 반장이 시비 걸었는데 반장이 구라쳐서 나만 한 대 더 맞았다(반장 탓).

• 아빠가 엄마한테 술주정을 해서 엄마가 나한테 분풀이를 했다(아빠 탓).

• 샘이 죄도 없는데 옆에서 막 700dB 이상의 고음을 방출하였다(선생님 탓).

• 누나가 때렸는데 누나가 사기쳐서 나만 야단맞았다(누나 탓).

야단맞게 되는 상황별로 자신이 주로 어떤 귀인을 많이 사용하는지 탐색하였고 그 이유는 무엇인지 생각하고 나누는 시간을 가졌다.

두 가지 귀인을 적절하게 사용하지 못하고 외부 귀인만 사용하거나 또는 내부 귀인만 사용하는 아동들에게는 귀인 오류와 편향으로 인해 짜증을 내거나 화를 폭발시키는 행동문제가 유발된 적이 있는지 집단원들의 경험을 함께 나누어 보았다. 집단원들은 외부 귀인의 경우에 포스트잇을 붙인 배경을 손가락질하며 비난하는 모습으로 꾸몄고, 내부 귀인의 경우에는 내 잘못이 슬퍼서 비가 내리고 있다고 표현하였다.

작업 후 단순히 남 잘못, 내 잘못으로 생각하지 않고, 한 가지 상황에서 원인별로 두 가지 귀인을 모두 유추할 수 있도록 연습하는 시간을 가졌다.

다시 한 번 해 봐요

나는 남의 탓을 많이 하는 편인가요? 나의 탓을 많이 하는 편인가요? 남의 탓을 하는 것을 줄이기 위해서 나는 어떤 노력이 필요할까요?

요 일	남의 탓을 하는 것을 줄이기 위해서 나는 어떤 노력이 필요할까요?
월	
화	
수	
목	
금	

벽

목 표

1. 자신과 다른 사람 사이에 관계의 벽이 있다면 그것은 어떤 것을 의미하는지 살펴볼 수 있다.

2. 현재 가장 높고 두꺼운 벽의 느낌을 받는 상대와는 어떤 벽을 쌓고 있는지 생각하고 벽을 허물 수 있는 방법을 찾아본다.

준비물

도화지, 사인펜, 크레파스나 색연필

활동방법

1. '벽' 하면 떠오르는 이미지를 브레인 스토밍한다.

2. 벽의 좋은 점과 나쁜 점을 생각해 본다.

3. 지금 자신과 벽을 쌓고 있는 사람은 누구인지 생각한다.

4. 도화지에 자신과 벽을 쌓고 있는 사람의 거리를 생각하며 자신과 상대 사이에 벽을 그린다. 벽의 모양, 재료, 두께, 높이 등을 그 사람과 자신과의 관계를 생각하면서 그린다.

5. 그려진 벽은 쉽게 넘나들 수 있는지 없는지, 무너뜨리기 쉬운지 아닌지 등을 탐색해 보고 이야기 나눈다.

6. 그려진 벽에 그 사람과의 관계를 막거나 멀어지게 만드는 원인들을 적거나 그려 본다.

7. 벽에 그려진 원인들에 대해 생각해 보면서 상대와 어떤 어려움을 겪고 있는지, 무엇이 관계를 더 악화시키는지 이야기 나눈다.

8. 그림을 그리면서 알게 되거나 생각난 것에 대해서 이야기 나눈다.

9. 활동 후 느낀 점에 대해서 이야기 나눈다.

▎주의사항

1. 벽이 관계를 단절시키거나 방해하는 것이라는 의미를 이해할 수 있도록 벽의 역할 등에 대해 충분히 탐색하는 시간을 가진다.

2. 벽을 만든 원인이 모두 상대에게 있다고 표현하는 경우 자신으로 인한 원인도 찾아볼 수 있도록 유도한다.

벽 [壁]

집이나 방 따위의 둘레를 막은 수직 건조물
극복하기 어려운 한계나 장애를 비유적으로 이르는 말
또는 관계나 교류의 단절을 비유적으로 이르는 말

사례 1.
초등 5, 남학생

자신은 정말 장난으로 친구에게 똥침을 했는데 그 친구가 괴롭혔다고 선생님께 고자질해서 부모님까지 학교에 다녀가시게 만든 같은 반 친구와 마음의 벽을 표현하였다.

강철로 만들어진 벽 가운데에는 고압 전기가 흐르고 있어 벽이 뜨겁게 달궈져 있으며 강철 벽이 너무 두껍고 강하고 뜨거워 절대로 넘어갈 수 없고 벽을 무너뜨리지도 못한다고 한다. 친구 관계에서 상처 입은 마음을 적나라하게 표현하였다.

사례 2.
초등 5, 남학생

또래보다 몸집은 큰데 하는 행동은 연령에 비해 어린아이처럼 행동하여 또래들에게 왕따를 당하는 아동이다.

자신은 친구들과 친하게 지내고 싶은데 친구들이 눈에는 잘 보이지 않는 아주 힘센 풍선 같은 괴물을 만들어, 자신이 아무리 벽을 밀어도 벽이 넘어지지 않게 맞은 편에서 벽을 밀며 지탱하고 있다고 표현하였다. 그러나 계속 벽을 밀어 볼 것이고 자신의 기분은 좋다며 관계 회복의 의지를 나타냈다.

사례 3.

초등6, 남학생

다른 사람들과 내 관계를 막는 것은 내 마음속의 '불안'이라는 벽이다. 이 불안은 '친구들 앞에서 내가 잘못하면 어떡할까?' '친구들이 나만 싫어하면 어떡할까?' '발표할 때 떨려서 말을 또 더듬으면 어떡할까?' '친구들이 무슨 말인지 모르겠다고 짜증을 내면 어떡할까?' 등 또래관계에서 느끼는 불안감이다. '벽'으로 형상화된 자신의 불안감을 보며 이런 불안감 때문에 자신의 행동에 더 자신이 없고 위축감을 느끼며 오히려 말을 더듬거나 지나치게 말을 빨리해서 다른 사람들이 알아들을 수 없게 되는 실수를 하게 되는 것 같다는 탐색의 시간을 가졌다.

Tip *다양한 벽의 이미지*

다시 한 번 해 봐요

관계를 가로막고 있는 벽, 내가 그린 벽을 무너뜨려 보아
요. 어떤 무기나 방법을 이용하여 벽을 무너뜨릴 것인지,
벽이 무너지고 나면 상대와의 관계가 어떻게 달라질 것
같은지 생각해 보고 표현해 봅시다.

사용 무기
벽이 무너진 모습을 그려 보세요.
벽이 무너지고 나면 상대와 나의 관계에서 어떤 점이 달라질까요?

3주

내 친구의 뒷모습

목 표

1. 또래의 행동이나 모습에서 친구의 감정을 조망할 수 있다.
2. 친구가 힘들다고 표현할 때 적절하게 위로할 수 있다.

준비물

벽돌 모양 종이, 도화지, 풀, 검은색 펜, 크레파스

활동방법

1. 뒷모습에 대해 생각해 본다.

2. 두 사람이 짝이 되어 친구의 뒷모습을 그려 준다.

3. 짝의 뒷모습을 보면서 이 친구가 힘들어하는 일은 무엇일지 생각해 본다.

4. 내가 생각할 때 친구가 힘들어할 것 같은 일을 벽돌 모양 종이에 적어서 자신
   이 그린 친구의 뒷모습 그림 오른쪽 어깨 위에 붙인다.

5. 친구가 그려 준 나의 뒷모습을 보며 실제로 내가 힘들어하는 일들을 벽돌 모양
   종이에 적어서 친구가 그린 자신의 뒷모습 왼쪽 어깨 위에 붙인다.

6. 친구가 힘들어하는 일들을 읽어 보고 등 뒤에 위로의 말을 적어 준다.

7. 실제로 친구의 어깨에 손을 올리고 친구가 힘들어하는 일에 대해 위로해 준다.

8. 활동 후 느낀 점에 대해서 이야기 나눈다.

▌주의사항

1. 친구의 뒷모습을 보며 힘든 일을 떠올리지 못하는 아동의 경우 자신의 힘든 일은 무엇인지 먼저 생각해 보는 시간을 가지도록 한다. 그렇게 해 본 후 친구의 성격에 자신이 힘들어하는 일들을 대입해 보며 친구라면 어떤 일들을 힘들어할까 조망해 보도록 유도한다.

2. 실제로 친구의 어깨에 손을 올리고 친구가 힘들어하는 점을 위로해 줄 때 장난스러운 분위기가 되지 않도록 유의한다.

위로 [慰勞]

따뜻한 말이나 행동으로
괴로움을 덜어 주거나 슬픔을 달래 줌

단계 1

친구 뒷모습 보고 그리기

단계 1 예   중등1, 남학생   중등1, 여학생

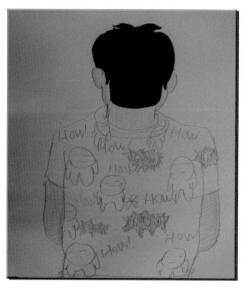

친구의 뒷모습 그림   친구의 뒷모습 그림

내가 생각한 친구의 힘든 짐
(오른쪽 어깨)

자신이 힘들어하는 짐
(왼쪽 어깨)

단계 2

1. 친구가 짊어진 짐을 벽돌에 적어 친구의 오른쪽 어깨에 붙이기

2. 자신이 힘들어하는 짐을 벽돌에 적어 자신의 왼쪽 어깨에 붙이기

단계 2 예   중등 1, 남학생   중등 1, 여학생

친구의 어깨를 짓누르는 짐

친구의 어깨를 짓누르는 짐

단계 3

친구 위로해 주기

단계 3 예   초등 6, 남학생   초등 5, 남학생

어깨에 손을 올리고 위로해 줌   어깨를 두드리며 위로해 줌

다시 한 번 해 봐요

주어진 그림의 뒷모습을 나의 어머니의 뒷모습으로 꾸며
주세요. 어머니의 어깨 위에는 어떤 짐들(힘든 점)이 있
을지 생각해 봅시다. 실제로 어머니가 느끼는 어깨의 짐
은 어떤 것들이 있는지 인터뷰해서 적어 보세요. 어머니
가 실제로 느끼는 어깨의 짐에 대해 위로의 말을 적고
어머니에게 위로해 봅시다.

어머니가 생각하는
어머니의 짐(힘든 점)

내가 생각하는
어머니의 짐(힘든 점)

어머니께 위로의 말을 적어 주세요.

4주

슈퍼 로봇

목표

1. 친구와의 관계에서 자신에게 어떤 도움이 필요한지 탐색할 수 있다.
2. 부분으로 전체가 이루어지듯 자신의 작품과 친구의 작품이 함께 모여 새로운 작품이 만들어질 수 있음을 확인할 수 있다.

준비물

압축 스티로폼, 열선 커터기, 이쑤시개, 유성매직, 크레파스

활동방법

1. 자신이 알고 있는 로봇은 어떤 이름, 어떤 모습, 어떤 기능과 역할을 하는지 등에 대해서 이야기 나눈다.
2. 친구가 많지 않거나 친구관계로 힘들어하는 아이를 위해 로봇을 만든다면 그 로봇은 어떤 모양일지, 어떤 능력을 가지고 있을지 생각해 본다.
3. 치료사는 압축 스티로폼에 커다란 로봇 모양을 그린 후 머리, 가슴, 팔, 다리 등의 부위로 열선 커터기를 이용하여 미리 잘라 놓는다.
4. 큰 로봇의 조각을 집단원들에게 각각 나누어 준 후 자신이 생각한 로봇을 그림으로 그려 표현해 본다.

5. 자신이 만든 로봇의 특징, 모양, 기능 등을 소개한다.

6. 집단원들이 그린 조각들을 합체시켜 집단원 협동작업으로 또 하나의 큰 로봇을 만든다.

7. 합체한 로봇으로 도와주고 싶은 친구가 있다면 누구인지, 어떤 부분을 도와주고 싶은지, 자신이 도움을 받는다면 어떤 부분을 도움 받고 싶은지 생각해 보고 이야기 나눈다.

8. 활동 후 느낀 점에 대해서 이야기 나눈다.

▌주의사항

1. 영화나 만화에서 보았던 로봇을 그대로 베껴 그리는 것이 아니라 자신이 생각한 기능과 특징을 담은 로봇이 표현되도록 지도한다.

2. 아동이 발표한 로봇의 기능이 실제 적용하기 어려운 능력과 기능이라도 제한 없이 허용한다.

case

로봇 [robot]

인간과 비슷한 형태를 가지고
걷기도 하고 말도 하는 기계 장치

단계 1
스티로폼에 그리기

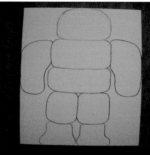

단계 2
로봇 형태 그리기 완성

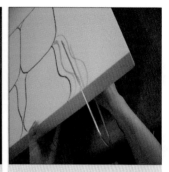

단계 3
열선 커터기로 자르기

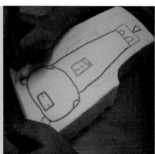

단계 4
자른 스티로폼 조각에 자신이 생각하는 친구관계를 도와주는 로봇 그리기

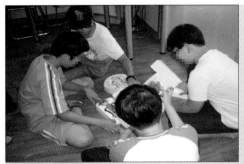 

단계 5

각자 그린 조각들 모아서 슈퍼 로봇 합체하기

사례 1. 초등 저학년 집단

스티로폼 조각에 각자 표현한 친구관계를 도와주는 로봇들

사례 2.

초등 고학년 집단

각자가 만든 로봇을 합체한 슈퍼 로봇

다시 한 번 해 봐요

우리는 친구관계에 도움을 줄 수 있는 슈퍼 로봇을 만들었습니다. 이 로봇의 기능을 생각하며 일주일 동안 이 로봇을 사용해 볼 것입니다.

내가 만든 로봇을 어떤 상황에서 사용하였는지 상황과 이유, 그리고 사용 후기를 적어 봅시다.

요일	사용한 상황과 이유	사용 후기
월		
화		
수		
목		
금		

4월

우리!
살아가는 데 필요한 가치가 있어요

가 치

**1
주**

명화와 즐거움

▌목 표

1. '즐거움'과 관련된 명화 감상을 통하여 즐거움에 대해 이해하고 즐거움이란 무엇인지 자신만의 정의를 내릴 수 있다.
2. 선생님과 함께 느끼고 싶은 즐거움은 어떤 것들이 있는지 탐색할 수 있다.

▌준비물

이중섭의 〈해와 아이들〉 그림, 도화지, 크레파스, 연필
(물감을 사용할 경우: OHP 필름지, 아크릴 물감, 붓, 유성펜)

▌활동방법

1. 이중섭의 〈해와 아이들〉 그림을 보면서 그림 속 사람들은 무엇을 하고 있는지 관찰하고, 무슨 생각을 하고 있을지 알아본다.
2. 화가는 어떤 마음을 표현하기 위해 그림을 그렸는지 생각해 본다.
3. 학창시절 중요한 관계 중의 한 사람인 선생님과 함께 즐거웠던 일에 대하여 이야기 나눈다(고학년인 경우 선생님과 즐거웠던 경험에서 즐거움의 요인은 무엇이었는지 생각해 본다).
4. 자신에게 즐거움은 어떤 색인지 3~5가지 정도 선택한다.

5. 도화지에 즐거움을 표현하는 색들을 자유롭게 색칠한다.

6. 선생님과 함께 하면 즐거울 것 같은 일을 상상하여 색을 칠한 도화지 위에 연필로 그림을 그린다.

7. 작품을 보면서 자신의 즐거움의 욕구는 어떤 곳에서 오는지 이야기 나눈다.

8. 활동 후 느낀 점에 대해서 이야기 나눈다.

주의사항

1. 그림에 표현된 아이들의 모습이 옷을 입고 있지 않다는 사실에 주목하여 감상에 방해가 되는 경우, 옷을 입지 않고 있을 때의 매우 편안하고 자연스러운 상태를 나타낸 것임을 강조하여 그림 전체의 분위기에 집중하여 감상하도록 유도한다.

2. 크레파스를 사용할 경우 화지를 꼼꼼하게 채워 색칠하는 데 시간이 많이 소요될 수 있으므로 A4용지의 반 정도로 작은 크기의 도화지를 제공한다.

3. 물감을 사용할 경우 물감이 섞여서 원하는 색이 표현되지 않을 수 있으므로 물감이 섞이지 않도록 주의하도록 한다.

즐겁다 [樂]

마음에 들어 흐뭇하고 기쁘다

소풍은 언제나 즐겁다

사례 1.   초등 6, 남학생

제목: 졸업파티

설명: 친구들, 6학년 선생님과 졸업파티를 하면 즐거울 것이다.

사례 2.   초등 3, 남학생

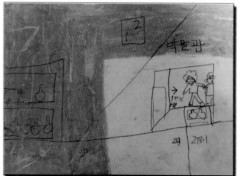

제목: 박물관에 같이 가요

설명: ○○○ 선생님이랑 박물관에서 도자기를 보고 있다.

사례 3.   중등 1, 여학생

제목: 종이접기

설명: 선생님이랑 색종이 접기를 할 때 즐거웠다. 또 하고 싶다.

사례 4.   초등 6, 여학생

제목: 선생님과 영화를 보러 가다

설명: 선생님과 영화를 보러 가고 싶다. 그래서 선생님한테 맛있는 것을 사 달라고 하고 싶다.

단계 1

즐거움을 연상하게 하는 색의 물감을 선택한다.

단계 2

원하는 위치에 물감을 짠다.

단계 3

붓으로 물감을 펴 바른다.

단계 4

물감 위에 OHP 필름을 올려놓고 그림을 그린다.

사례 5. 물감과 OHP 필름을 활용한 그림   초등 6, 남학생

제목: Happy 놀이터

설명: 즐거움의 색은 환하고 밝은 노랑, 봄에 새싹이 돋는 것 같은 연두, 제일 좋아하는 것은 파랑이다. 선생님과 함께 놀이터에서 놀고 싶다. 공부 이외에 다른 일들을 선생님과 함께하면 좋겠다.

Tip *감상작품*

해와 아이들
작가: 이중섭(1916-1956) 제작년도: 1953 작품설명 및 배경: 이중섭은 아이들을 많이 그렸는데, 먼저 떠나 보낸 큰 아들이 천국에서 아이들과 행복하게 살기를 바라는 부모의 마음과 가족과 떨어져서 살면서 자식들을 그리워하는 마음을 담았다.

다시 한 번 해 봐요

일주일 동안 선생님을 즐겁게 해 드리고 어떻게 즐겁게

해 드렸는지 적어 봅시다.

요 일	선생님 성함	어떻게 즐겁게 해 드렸나요?
월		
화		
수		
목		
금		

명화와 사랑

▎목 표

1. '사랑'과 관련된 명화 감상을 통하여 사랑에 대해 이해하고 사랑이란 무엇인지
   자신만의 정의를 내릴 수 있다.
2. 내가 받은 사랑과 준 사랑을 그림으로 표현할 수 있다.

▎준비물

키스 해링의 〈짝궁〉 외 네 작품, 도화지, 사인펜, 크레파스, 색연필

▎활동방법

1. 키스 해링의 그림들을 보면서 그림 속 사람들은 무엇을 하고 있는지 관찰하고,
   무슨 생각을 하고 있을지 알아본다.
2. 각 그림에 자신만의 제목을 붙여 본다.
3. 화가는 어떤 마음을 표현하기 위해 그림을 그렸는지 생각해 보고 그림들의 공통
   점을 찾아 공통된 주제가 무엇인지 알아본다.
4. 그림에 나타난 공통된 주제인 '사랑'에 대해 자신만의 정의를 내린다.
5. 가정과 친구관계에서 내가 받고 있는 사랑, 내가 주고 있는 사랑은 어떤 것이 있
   는지 생각해 본다.

6. 내가 받은 사랑과 내가 준 사랑을 그림으로 표현하고 이야기 나눈다.

7. 사랑을 받았을 때의 기분과 마음을 상대방에게 전달하는 방법에 대해 생각해 본다.

8. 활동 후 느낀 점에 대해서 이야기 나눈다.

▌주의사항

1. 그림 감상에 대한 타인의 생각을 판단하지 않고 수용하여 자유롭게 표현하도록 지도한다.

2. 사람과의 관계에서 주고받는 사랑을 탐색하면서 가족 이외의 다양한 관계에서의 사랑을 탐색할 수 있도록 유도한다.

사랑 [愛]

어떤 사물이나 대상을
몹시 아끼고 귀중히 여기는 마음

사례 1.

초등 5, 여학생

▲ 받은 사랑   ▲ 준 사랑

사랑이란 사람을 즐겁게 해 주는 것이다. 함께 있으면서 즐거운 시간을 보내는 것과 기쁘고 즐겁게 해 주는 것이 사랑이다.

받은 사랑: 오빠가 나와 함께 블록 놀이도 하고 간식도 나누어 먹으면서 즐거운 시간을 보냈다. 오빠가 중학생이 되어서 공부하느라고 바쁜데도 나와 함께 놀아주는 것이 나에 대한 사랑이라고 생각한다.

준 사랑: 엄마 생신에 선물을 드렸다. 엄마를 사랑하는 마음을 선물로 표현한 것이다.

사례 2.
초등 6, 남학생

▲ 받은 사랑   ▲ 준 사랑

사랑이란 끊을 수 없는 것이다. 부모와 자식 간의 끊을 수 없는 인연처럼 연결되어 있는 것이 사랑이다.

받은 사랑: 어머니가 나를 위해 요리를 해 주시는 것. 편식이 심해 체격이 왜소한 나를 위해 음식을 하실 때 신경을 많이 써서 준비해 주신다.

준 사랑: 어머니를 위해 집안 청소를 도와드리는 것. 나는 시원한 선풍기 앞에 앉아서 쉬고 싶지만, 어머니가 힘드시지 않도록 청소기도 돌리고 도와드리는 것이 사랑이다.

Tip 감상작품

작가: 키스 해링(Keith Haring, 1958-1990)
작품설명 및 배경: 미국의 그래피티 아티스트인 키스 해링은 간결한 선과 강렬한 원색, 재치와 유머가 넘치는 표현으로 낙서 스타일의 그림을 그렸다.

다시 한번 해 봐요

주어진 그림을 보고 내가 바라는 관계를 그림으로 그려 보세요. 누구인지, 어떤 얼굴 표정인지, 어떤 옷을 입고 있는지, 주변은 어떠한지 그림으로 그리고 누구와 무엇을 하는 것인지 설명을 적어 봅시다.

그림	설 명

명화와 자신감

▌목 표

1. '자신감' 과 관련된 명화 감상을 통하여 자신감에 대해 이해하고 자신감이란 무엇인지 자신만의 정의를 내릴 수 있다.
2. 자신에게 자신감이 필요한 상황이 언제인지 인식하고 자신감을 북돋우는 방법을 알 수 있다.

▌준비물

김홍도의 〈씨름〉 그림, 도화지, 응원하는 사람의 이미지, 사인펜, 크레파스, 색연필

▌활동방법

1. 김홍도의 〈씨름〉 그림을 보며 어디에서, 누가, 무엇을 하고 있는지 관찰한다.
2. 그림 속 인물의 역할을 나누어 재연해 보고 어떤 기분이 들었는지 이야기 나눈다.
3. 그림을 보면서 그림 속의 씨름을 하고 있는 사람이 나라면 무엇과 싸우고 있을지, 결과는 어떻게 될 것 같은지 예측해 본다.
4. 싸움에서 이기기 위해서는 어떤 것들이 필요할지 생각해 본다.
5. 자신이 자신감을 가질 때는 언제인지, 자신감이 없어질 때는 언제인지 탐색하고 이야기 나눈다.

6. 자신감에 대한 자신만의 정의를 내린다(예: 처음에는 실수하더라도 나중에는 할 수 있다고 생각하는 마음).

7. 내가 자신감을 가지고 싶은 대상, 상황은 무엇인지 찾고, 어떤 응원을 받으면 자신감이 생길 것 같은지에 대해 이야기 나눈다.

8. 김홍도의 그림을 재구성하여 자신감을 가지고 싶은 대상과 씨름을 하고 있는 자신을 중앙에 그리고 주변에 응원하는 사람의 이미지를 선택하여 붙인다.

9. 말풍선을 이용하여 어떤 말을 하는지 그림에 표현한다.

10. 활동 후 느낀 점에 대해서 이야기 나눈다.

▌주의사항

1. 응원하는 사람의 이미지를 선택할 때 차례대로 선택할 수 있도록 집단원이 스스로 순서를 정하도록 하고, 이미지 개수의 범위와 시간을 정해 주어 선택에 지나치게 많은 시간을 소요하지 않도록 한다.

2. 자신감을 주는 응원의 말을 충분히 토의하여 다양한 표현이 나올 수 있도록 지도한다.

3. 그림의 상황을 재연할 때 공간이 협소할 경우에는 씨름 대신 팔씨름 등 공간을 많이 차지하지 않는 활동으로 대체할 수 있다.

case

자신감 [自信感]

어떤 일을 해낼 수 있다거나
어떤 일이 꼭 그렇게 되리라는 데 대하여
스스로 굳게 믿음이 있다는 느낌

그림을 재연하여 씨름을 하는 모습

팔씨름을 하는 모습

사례 1.
중등1, 여학생

상   황: 공부할 때 포기하고 싶은 마음과 싸
워서 이기려고 한다.

응원의 말: 꽃 받고 열심히 공부 잘해!
주스 마시고 열심히 해! 힘내라! 학
교생활 열심히 하라는 편지 줄게. 언
니 힘내라!

사례 2.

상　　황: 발표할 때 불안한 마음, 다른 사람
　　　　의 시선과 싸워서 이기려고 한다.

응원의 말: 이겨! 힘내라! 이기세요. 빠밤~
　　　　이겨라, 그러면 같이 놀자. 내가
　　　　응원할게.

사례 3.

상　　황: 공부하기 싫은 마음과 싸워서 이
　　　　기려고 한다.

응원의 말: ○○형아, 파이팅! 이겨라! 잘해!
　　　　기대할게! 상 줄게!

Tip *감상작품*

씨름
작가: 김홍도(1745년 출생, 조선시대 화가)
제작년도: 18세기 후반
작품배경 및 내용: 서민사회의 주제를 그림으로 담은 〈단원 풍속도첩〉 중에서 씨름을 하는 장면을 그린 그림이다. 씨름 꾼을 중앙에 그리고 구경하는 사람들을 아래위로 그려 놓은 원형구도다.

Tip *자신감과 연관하여 감상할 수 있는 그림 1*

알프스를 넘는 나폴레옹(Bonaparte at Mont St, Bernard)

작가: 자크 루이 다비드(Jacques Louis David, 1748~1825)

제작년도: 1801년

작품배경 및 내용: 1800년 7월 14일 마렝고에서 승리를 이끌어 낸 나폴레옹을 그린 것이다. 기운 넘치는 말 위에서 알프스를 넘는 병사들을 지휘하는 모습을 묘사하고 있는 장면인데 실제로 나폴레옹은 노새를 타고 알프스를 넘었다고 한다. 스페인의 왕 카를로스 4세가 당대 최고의 궁정화가 다비드에게 그림을 그리게 하면서 혁명적이고 영웅적인 인물로 표현하도록 하였다.

활용: 나폴레옹은 군대가 다 지나간 후 안전하게 노새를 타고 알프스를 넘었다. 하지만 전쟁을 승리로 이끈 나폴레옹의 마음 속에는 이기고야 말겠다는 자신감과 용감하고 영웅적인 모습이 담겨 있었을 것이다. 그림에 표현된 대비 배색과 사선 구도에서 느껴지는 상승감으로 자신감을 효과적으로 표현하고 있다. 내가 자신감이 필요할 때 마음속 나의 자신감 넘치는 모습을 상상해 보고 그림으로 표현하도록 한다.

| Tip | 자신감과 연관하여 감상할 수 있는 그림 2 |

황소

작가: 이중섭(1916~1956)

제작년도: 1950년대

작품배경 및 내용: 강렬한 색채와 강한 터치로 황소를 그린 작품이다. 이중섭이 통영에서 보낸 말년에 소 연작을 선보였다.

활용: 소의 강한 인상과 역동적인 동작과 함께 강렬한 색채와 강하고 굵은 선, 그리고 역동적인 구도를 통해 감정을 효과적으로 표현하고 있다. 미술 표현의 특징을 활용하여 자신감이 필요할 때 나의 모습을 표현하도록 한다.

싸우는 소

소

다시 한 번 해 봐요

나에게 자신감을 주는 말과 행동을 찾아봅시다.
나 자신이 나에게, 부모님이 나에게, 친구들이 나에게 자신감을
주는 말이나 행동을 찾아서 적어 봅시다.

대 상	말	행 동
나		
아빠		
엄마		
형제자매		
기타 가족		
친구 1		
친구 2		
친구 3		

명화와 용서

▎목 표

1. '용서' 와 관련된 명화 감상을 통하여 용서에 대해 이해하고, 용서란 무엇인지 자신만의 정의를 내릴 수 있다.
2. 자기 자신과 타인을 용서하는 마음을 가질 수 있다.

▎준비물

렘브란트의 〈돌아온 탕아〉, 티소의 〈돌아온 탕아〉 그림, 도화지, 사인펜, 크레파스, 색연필

▎활동방법

1. 렘브란트와 티소의 〈돌아온 탕아〉 그림을 보고 그림 속 사람들은 무엇을 하고 있는지 관찰하고, 무슨 생각을 하고 있을지 알아본다.
2. 이 그림의 아버지와 아들로 역할을 가정하고 그림처럼 포즈를 취한 후 역할극을 해 본다.
3. 이 그림의 아버지는 어떤 마음으로 아들을 용서한 것일지 생각해 본다.
4. 용서에 대하여 자신만의 정의를 내리고, 어떤 색일지, 어떤 모양일지 만들어 본다.
5. 부모님, 형제자매, 친구로부터 자신이 용서를 받거나, 용서한 경험과 그때의 느

낌에 대하여 이야기한다.

6. 내가 용서받고 싶은 일(들키지 않았지만 용서받아야 할 일, 싸우거나 마음을 아프게 한 친구)에 대해서 어떻게 하면 용서를 받을 수 있는지 생각해 본다.

7. 내가 용서해 줄 내용이나 용서해 줄 사람을 찾고 이야기 나눈다.

8. 종이를 반으로 나누고 한쪽에는 내가 용서받고 싶은 것, 반대쪽에는 용서하고 싶은 것을 그린다.

9. 활동 후 느낀 점에 대해서 이야기 나눈다.

▌주의사항

1. 자신이 용서받을 일에 대해서 솔직하게 표현할 수 있도록 수용적인 분위기가 되도록 조성한다.

2. 서로 돌아가면서 상대방의 입장이 되어 역할극을 해 볼 수 있도록 한다.

용서 [容恕]

지은 죄나 잘못한 일에 대하여
꾸짖거나 벌하지 않고 덮어 줌

case

그림의 장면을 재연한 모습

사례 1.

초등 3, 남학생

◀용서의 모양과 색

- **용서의 모양과 색**: 용서는 기억을 하지 않는 것이라서 하얀색이다.
- **용서란**: 다른 사람의 잘못을 기억하지 않는 것, 잘못을 뉘우치면 용서를 한다.
- **용서하고 싶은 일 1**: 동생이 반말했는데 반말하지 말라고 말하고 용서하고 싶다.
- **용서하고 싶은 일 2**: 친구가 내 연필을 마음대로 가져갔는데 용서하고 싶다.
- **용서받고 싶은 일**: 친구가 공을 좀 던져 달라고 했는데 안 돌려주고 내가 가지고 놀아서 친구와 싸웠다. 친구와 화해하고 싶다.

사례 2.

◀용서의 모양과 색

- **용서의 모양과 색**: 용서는 동그랗고 분홍색
  이다. 부드러운 마음이다.
- **용서란**: 거짓말을 했는데 잘못했다고 말하면
  다음부터는 하지 말라고 말한다.
- **용서받고 싶은 일 1**: 엄마에게 잘못했다고 말
  하면 용서해 주면 좋겠다.
- **용서받고 싶은 일 2**: 친구의 머리카락을 잡아
  당겼는데 미안하다고 사과하고 용서받고 싶다.
- **용서하고 싶은 일**: 친구가 싸우고 난 후 미
  안하다고 말하면 용서해 주겠다.

사례 3.

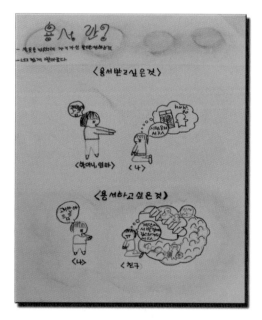

▲ 용서의 모양과 색

- **용서의 모양과 색**: 용서는 빨강과 파랑이 섞여서 중화된 보라색이다. 팔을 벌린 모양으로 안아 주는 것이다.
- **용서란**: 잘못을 뉘우치며 자기 자신을 반성하는 것이다. 그러면 너그럽게 받아 준다.
- **용서받고 싶은 일**: 시험 잘못 친 것을 야단맞지 않고 용서받고 싶다.
- **용서하고 싶은 일**: 계단에서 발을 걸어서 깁스하게 되었는데 친구의 잘못만이 아니라서 용서하고 싶다.

사례 4.
중등 1, 남학생

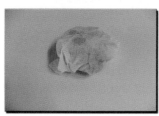

▲ 용서의 모양과 색

- **용서의 모양과 색**: 용서는 깨끗한 흰색이다. 하얀 화장지로 감싸듯 품어 주는 것이다.
- **용서란**: 잘못한 일을 사과하면 용서해 주는 것이다.
- **용서받고 싶은 일**: 친구를 때리고 도망갔었는데, 내가 미안하다고 말하면 친구가 용서해 주면 좋겠다.
- **용서하고 싶은 일**: 놀리는 아이가 공개적으로는 아니더라도 나에게 사과를 해 온다면 용서해 주고 싶다.

Tip 감상작품

돌아온 탕아(The Return of the Prodigal Son)

작가: 렘브란트(Rembrandt Harmenszoon van Rijn, 1606–1669)

제작년도: 1669년

작품설명 및 배경: 성서에 나오는 이야기를 바탕으로 그린 그림이다. 성서에는 아버지의 규율을 따르지 않고 집을 나가 방탕하게 살다가 돌아온 아들을, 아버지는 꾸짖고 내쫓는 대신에 아들을 용서한다.

돌아온 탕아(L'enfant prodigue: Le retour)

작가: 티소(James Tissot, 1836–1902)

제작년도: 1982년

작품설명 및 배경: 성서에 나오는 이야기를 바탕으로 그린 탕아 시리즈 중 귀환이다. 배경 표현이 티소가 살고 있는 시대를 사실적으로 표현하고 있다.

Tip *명화 감상 방법[1]*

단계	내용	질문	주의
기술하기	직관적이고 감각적인 인상에 의해 주제를 설명하고 표현할 수 있도록 한다. 전체적인 인상은 어떤지 무엇을 그렸는지 어떤 재료를 쓰는지 이야기한다.	• 그림에서 보이는 것을 모두 이야기해 볼까? • 그림 속 사람들은 무엇을 하고 있니? • 어떤 모습을 하고 있니? • 그림 속 장소는 어디일까?	아동이 그림을 본 첫인상에 대한 반응을 긍정적으로 수용하여 아동 스스로 작품에 친밀감을 느끼고 자신의 서술에 대해 확신을 가질 수 있도록 허용적인 분위기를 형성한다.
분석하기	지각과 지식에 의해 조형 원리와 요소가 어떻게 적용되고 있는지 초점을 맞추어 이야기한다.	• 그림에는 어떤 색이 사용되었니? • 사용된 색은 어떤 느낌이 드니? • 처음 보았을 때, 제일 먼저 보이는 것은 무엇이니? • 부드러울까, 아니면 거칠까? • 밝은 부분과 어두운 부분은 어디일까?	아동이 발견하지 못하는 요소에 대해 강요하거나 정답을 가르쳐 주지 않고 충분히 사고할 수 있도록 한다. 색의 대비 조화, 선과 선의 어울림과 균형, 질감의 차이를 질문하며 충분히 사고할 수 있는 시간을 준다.
해석하기	감정, 느낌, 분위기 개념을 이야기한다. 작품의 색, 선의 느낌이나 흐름, 제작 배경, 작가의 표현 의도나 주제에 대해 자신을 둘러싼 환경이나 경험을 바탕으로 이해한다.	• 화가는 어떤 마음을 표현하기 위해 그림을 그렸을까? • 그림 속의 사람들은 어떤 관계일까? • 그림 속의 사람은 어떤 생각을 하고 있을까? 왜 그런 생각을 하는 것 같니? • 너는 이 그림 속에서 어떤 사람이고 싶니? • 이 그림의 바로 전에는 무슨 일이 일어났을까? • 너는 그림에 있는 물건으로 무엇을 하고 싶니? • 제목을 뭐라고 하면 좋을까?	이 단계는 매우 개인적인 반영이 일어나는 단계이다. 아동에게 쉬운 단계가 아니므로 동기가 일어날 수 있도록 현재 나의 상황과 연관지어 생각할 수 있도록 한다.
평가하기	분석된 모든 자료를 통합하여 작품의 가치를 판단한다. 작품에 대한 개인적인 선호만 표현하는 것이 아니라 미적인 장점을 찾고 미술 작품에 대해 애호하고 존중하는 마음을 가질 수 있도록 한다.	• 이 그림은 어떤 점이 좋으니? • 이 그림에서 무엇을 바꾸고 싶니? • 이 그림을 집에다 걸어 두고 싶니?	작품을 어떻게 생각하는가, 왜 그렇게 생각하는가를 설명하도록 한다. "나는 그것이 좋아(싫어)."라기보다는 "나는 그것이 ~때문에 좋아(싫어)."라고 말하도록 한다.

1) 참고문헌: 송혜영(2007). 생활주제에 따른 명화 감상 활동이 유아의 창의성과 정서지능에 미치는 영향. 전남대학교 교육대학원 석사학위청구논문.
하행미(2009). 표현과 연계된 명화감상 지도방안 연구-초등학교 1학년을 대상으로. 영남대학교 교육대학원 석사학위청구논문.

다시 한 번 해 봐요

주변 사람들에게 가서 어떤 일을 가장 용서하기 힘들었는지, 용서하기 힘든 이유는 무엇인지, 현재는 용서했는지에 대해서 인터뷰해 봅시다.

대 상	용서하기 가장 힘들었던 일과 그 이유는 무엇이었나요?
아빠	
엄마	
형제자매	
기타 가족	
친구 1	
친구 2	
친구 3	

5월

상상 더하기!
숨겨진 내 마음을 들여다봐요

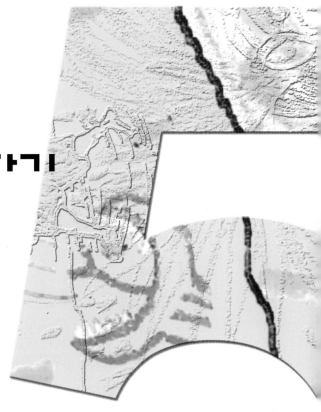

그림 더하기

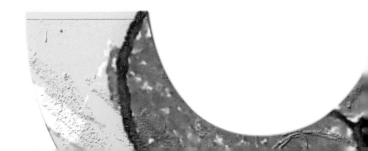

1주

동굴

▎목 표

1. 도안을 통하여 자신의 욕구를 표출할 수 있다.
2. 힘들거나 문제가 있는 상황에서 안정감을 느낄 수 있는 방법을 찾을 수 있다.

▎준비물

동굴 그림이 그려진 도안, 사인펜, 크레파스나 색연필

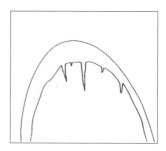

▎활동방법

1. 동굴 그림이 그려진 도안을 보며 어떤 그림인지 이야기 나눈다.
2. "여기는 어디일까? 당신은 여기서 무엇을 하고 있을까?"를 생각해 보고 "당신을 포함해서 이곳의 상황을 그려 주세요."라는 지시에 따라 그림을 그린다.
3. 도안에 그려진 것이 장소라면 어떤 상황인지, 어떤 것을 표현했는지 자세히 이야기 나눈다.
4. 그림으로 표현한 상황의 과거 상황은 어떠한지, 미래 상황은 어떻게 될 것인지에 대해 자세히 이야기 나눈다.

5. 부정적 상황이라면 어떻게 빠져나올 수 있는지 다양한 방법을 모색해 본다.

6. 활동 후 느낀 점에 대해서 이야기 나눈다.

▌주의사항

1. 치료사는 아동이 도안에 어떠한 그림을 그리더라도(예: 위험한 상황) 수용한다. 그리고 표현된 그림의 해석보다는 치료사의 질문을 통해 아동의 이야기를 듣는 것이 더 중요하다.

2. 과거의 상황과 미래의 상황에 대해 예측할 수 있도록 하며, 이 상황에서 빠져나올 수 있는 다양한 방법을 찾을 수 있도록 유도한다.

동굴 [洞窟]

깊고 넓은 굴
자연 현상에 의해서 땅이
넓고 깊게 파여 들어가 있는 구멍

사례 1.

초등1, 남학생

사람들이 알지 못하는 아주 깊은 산 속의 컴컴한 동굴이다. 산에서 놀다가 밤이 되어 이곳에서 몸을 피하고 있다. 이곳은 컴컴하지만 따뜻함이 있다. 내일이 되어 날이 밝으면 집으로 돌아갈 수 있을 것이다.

사례 2.

초등6, 남학생

동굴 안이다. 우연히 이 동굴을 발견하였다. 동굴에서 원석을 채취하고 있다. 모두 부자가 될 수 있다는 생각에 신이 났다. 앞으로 이 원석들을 팔아서 나는 부자가 될 것이다.

사례 3.

식인고래 입 안이다. 나는 그 고래 안에 있으며 살려 달라고 소리치고 있다. 앞으로는 어떻게 될지 잘 모르겠다. 지금 너무 끔찍하다.

사례 4.

용의 입 안에서 나는 죽어 가고 있다. 날카로운 용의 이빨 때문에 내 몸은 피투성이가 되었다. 나는 점점 죽어 갈 것이다. 나를 잡아먹어 힘이 생긴 용은 하늘로 올라갈 것이다.

다시 한 번 해 봐요

문제가 발생했을 때 나는 어떠한 방법으로 해결하였나요?
스스로 문제를 해결할 수 있는 방법을 찾아봅시다.

어떠한 문제가 발생했나요?	내가 해결한 방법은 무엇인가요?	스스로 해결할 수 있는 방법은 무엇인가요?

상상마트

▌목 표

1. 정서적인 표현(감정)에 대한 정확한 의미와 느낌을 표현할 수 있다.

2. 정서적인 표현(감정) 중에서 자신에게 어떤 것들
   이 더 필요한지 그 중요도에 대해 알 수 있다.

▌준비물

카트 그림이 그려진 도안, 사인펜, 크레파스나 색연필

▌활동방법

1. 카트 그림이 그려진 도안을 보며 어떤 그림인지 이야기 나눈다.

2. 상품 목록표를 같이 읽어 보고 어떤 의미인지 이야기 나눈다.

감사	겸손	공경	기쁨	나눔	너그러움	도움	만족
말조심	믿음	배려	보람	사랑	선택	성실	순결
순종	온유	용서	인내	인정	자비	자신감	자존감
절제	정직	지혜	진실	착함	충성	친절	평화

3. "자신의 생각, 마음, 행동에 힘이 되거나 도움이 되는 물건들을 파는 마트입니다.

   이 마트 안에 어떤 물건들이 진열되어 있는지 진열대에 그려 주세요. 그리고 자신이 필요한 물건과 금액을 써서 카트 안에 담아 주세요.”라는 지시에 따라 그림을 그린다.

4. 카트 안에 어떤 물건을 담았는지, 왜 담았는지, 이 물건이 자신에게 어떤 도움을 줄 것인지에 대해 자세히 이야기 나눈다.

5. 활동 후 느낀 점에 대해서 이야기 나눈다.

▌주의사항

1. 정서적인 표현(감정)과 관련된 단어들을 미리 준비하고 사전적 의미의 뜻을 함께 이야기하도록 한다.

2. 자신이 이미 충분히 가지고 있는 정서적인 표현(감정)보다 자신에게 필요한 정서적인 표현(감정)들을 카트에 담을 수 있도록 한다.

case

감정 [感情]

어떤 현상이나 일에 대하여
일어나는 마음이나 느끼는 기분

사례 1.

초등 3, 여학생

나에게는 지혜를 깨닫게 하는 동화책이 더 필요하다. 화를 참는 주스가 필요하다. 화를 참는 주스는 동생과의 싸움에 있어서 꼭 필요하다고 본다. 사과 장갑은 내가 사과할 일이 있을 때 용기를 내어 사과를 하도록 도와준다. 기쁨 인형은 내가 기쁜 일이 있을 때 두 배로 더 기쁨을 느끼게 해 주는 인형이기 때문에 필요하다.

사례 2.

초등 5, 남학생

용기 컵은 나에게 큰 소리로 이야기할 수 있는 용기를 주는 것이다. 즐거움을 느끼게 해 주는 초콜릿을 먹으면 하루에 몇 번씩이나 즐거움을 느낄 수 있다. 고마움을 표현할 수 있게 하는 열쇠는 평소 내가 고맙다는 말을 잘 하지 못하는데, 이 열쇠로 나에게 도움을 준 사람들에게 고마움을 표현하고 싶다.

사례 3.

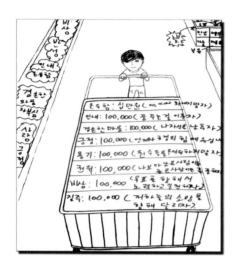

나에게 필요한 것들이 많은 것 같다. 어느 때나 화내지 않기 위한 온유함, 꿈꾸는 것을 이루기 위해 필요한 인내심, 나 자신을 낮추기 위한 겸손한 마음, 언제나 긍정적인 생각을 하기 위한 긍정적인 생각, 원수를 무서워하지 않는 용기, 나보다 낮은 사람이든 높은 사람이든 존중할 수 있는 나의 권위, 목표를 향해서 노력하고 실천하는 비상, 저 하늘의 소망을 향해 달리는 질주가 나에게 필요하다.

다시 한 번 해 봐요

상상마트에서 구입한 물건을 일주일 동안 어떤 상황에서
유용하게 사용했는지 알아봅시다.

요 일	사용한 물건	어떤 상황에서 유용하게 사용하였나요?
월		
화		
수		
목		
금		

3주

첫걸음

▌목 표

1. 첫걸음의 의미를 통해 용기의 가치를 발견할 수 있다.
2. 처음으로 용기를 내어 시도한 행동과 그 행동을 스스로 강화할 수 있는 방법을 탐색할 수 있다.

▌준비물

고흐의 〈첫걸음〉 작품, 명화의 일부분이 그려진 도안, 사인펜, 크레파스나 색연필

▌활동방법

1. 고흐의 〈첫걸음〉 작품을 보고 누구의 작품인지, 제목은 무엇인지, 어떤 것을 표현하고자 했는지 등 자세히 이야기 나눈다.
2. 명화의 일부분이 그려진 도안을 보며 어떤 그림인지 이야기 나눈다.
3. 자신에게 용기가 필요했던 첫걸음, 처음 시도해 본 것에 대해 이야기 나눈다.
   - 언제, 어떻게 첫걸음(처음 시도해 본 일)을 걸었는가?
   - 시도를 했을 때 느꼈던 감정은? 주변의 반응은?

- 시도의 결과는? 그때 들었던 생각이나 느낌은? 주변의 반응은?
- 시도를 하려 할 때 자신의 행동을 방해하는 것은?
- 주변에서 어떤 반응을 보이면 자신의 시도에 힘을 실어 주는 것일까?

4. 자신에게 용기가 필요했던 첫걸음(처음 시도해 본 일)을 생각하며 도안의 나머지 부분을 채워서 그림을 완성한다.
5. 자신이 그린 그림에 대해서 이야기 나눈다.
6. 앞으로 새롭게 시도를 해 보고 싶은 일은 무엇인지, 다시 용기를 내어 하고 싶은 것이 있다면 무엇인지 이야기 나눈다.
7. 활동 후 느낀 점에 대해서 이야기 나눈다.

▌주의사항

1. 첫걸음의 의미를 충분히 탐색하여 용기, 도전 등의 개념과 쉽게 연관지을 수 있도록 유도한다.
2. 처음으로 시도해 본 때의 감정(두려움, 설렘)에 대해 자세히 다루어 준다.

case

첫걸음 [初步]

어떤 일의 시작
걸어갈 때의 첫걸음
목적지를 향하여 처음 내딛는 걸음

사례 1.
초등3, 여학생

나에게 용기가 필요했던 순간은 이사 와서 내 방에서 잔 일이다. 이사 온 이후 새 침대와 새 옷장, 새로운 것들로 바꾼 다음 처음으로 부모님과 떨어져 잤다. 혼자서 잘 잘 수 있을까 걱정이 되었지만 아주 잘 잤다. 다음 날 아침 부모님께 혼자서도 잘 자는 의젓한 딸이라고 칭찬 받았다.

사례 2.
초등2, 남학생

학교에서 줄넘기를 배웠다. 다른 친구들에 비해 줄을 잘 넘지 못해 엄마와 많이 연습하였다. 이제는 줄넘기를 잘한다.

사례 3.

초등 1, 여학생

아빠가 자전거를 가르쳐 주었다. 저전거 타는 것이 너무 어렵고 힘들었다. 보조바퀴가 없으면 넘어지는데 아빠가 잡아 주어 탈 수 있었다. 아직 잘 타지는 못하지만 처음으로 보조바퀴 없이 탈 수 있었다.

Tip 감상작품

첫걸음(First steps)

작가: 빈센트 반 고흐(Vincent van Gogh, 1853~1890)

제작년도: 1890년

작품설명 및 배경: 밀레 〈첫걸음〉의 모작으로, 빈센트라는 자신과 똑같은 이름의 조카가 태어난 해에 그린 작품이다. 아이는 아빠를 향해 걸음을 내딛으려고 하고 아빠는 두 팔을 벌려 아이를 맞이하고 있다.

다시 한 번 해 봐요

용기를 내어서 해 보고 싶은 일들은 무엇이 있는지 주변
사람들에게 인터뷰해 봅시다.

대 상	용기를 내어서 해 보고 싶은 일
아빠	
엄마	
형제자매	
기타 가족	
친구 1	
친구 2	
친구 3	
선생님	

탈 출

▌목 표

1. 도안을 통하여 자신이 힘들어하는 상황이 어떤 것인지 탐색할 수 있다.

2. 힘든 상황에서 자신을 끌어낼 수 있는 방법을 찾아 어려워하는 상황을 극복할 수
   있는 힘을 기를 수 있다.

▌준비물

매트나 두꺼운 이불 2장, 버둥거리고 있는 모습의 도안,

사인펜, 색연필

▌활동방법

〈활동 전 매트 체험〉

1. 매트 2개를 준비한 후 2장의 매트를 겹쳐 깔고, 양 끝을 치료사가 잡는다.

2. 아동은 매트 사이를 빠져나온다.

3. 매트 사이를 빠져나온 느낌에 대해 이야기 나눈다.

1. 버둥거리고 있는 모습의 도안을 보며 어떤 그림인지 이야기 나눈다.

2. "누군가가 벽에 끼였는데 빠져나오기 위해 힘을 쓰고 있는 모습입니다. 몸의 한

부분은 빠져나갔으나 나머지 부분은 빠져나가지 못해 버둥거리고 있습니다. 나역시 이 사람처럼 잘 빠져나가지 못하는 일은 어떤 일이 있을까요? 또한 나를 힘들게 하는 것은 어떤 것들이 있는지 그려 주세요."라는 지시에 따라 그림을 그린다(예: 제 시간에 숙제하기, 혼자 준비물 챙기기, 친구들과 잘 지내기, 집중해서 공부하기, 컴퓨터 게임 시간 줄이기).

3. 자신이 그림으로 표현한 것 중에서 빨리 빠져나오고 싶은 것을 찾아 순서대로 숫자를 적고 그림에 대해 이야기 나눈다.

4. 이 그림처럼 빠져나오지 못하면 어떻게 될 것 같은지 예측해 본다.

5. 자신을 힘들게 하는 것 또는 자신이 잘 빠져나오지 못하는 것에서 빠져나올 수 있는 방법을 찾아 이야기 나눈다.

6. 활동 후 느낀 점에 대해서 이야기 나눈다.

▌주의사항

1. 매트 체험에서 안경을 꼈거나, 압 자극에 예민하거나, 좁은 공간에서 두려움을 심하게 느끼는 아동은 적절하게 배려해 줄 수 있도록 유도한다.

2. 매트 체험 시 빠져나오기 힘들더라도 끝까지 빠져나올 수 있도록 격려한다.

탈출 [脫出]

빠져나오거나 벗어나다

어떤 상황이나 구속 따위에서 빠져나오다

사례 1.

초등 2, 남학생

[빠져나오고 싶은 것들]

- 시험 치기
- 엄마한테 혼나는 것
- 누나와 싸우는 것
- 숙제를 자꾸 잊어버리는 것
- 학원 가는 것
- 누나가 심부름 시키는 것
- 집중이 안 되는 것

[느낀 점]

학교에서 시험을 잘 쳤으면 이렇게 안 힘들텐데. 시험을 잘 치기 위해서 노력해야겠다.

사례 2.

중등 2, 여학생

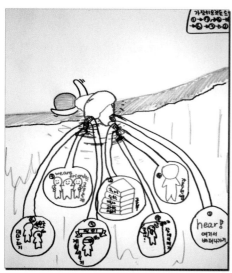

[빠져나오고 싶은 것들]

- 여기서 지금 빠져나가기
- 공부에서 빠져나가기
- 친구들과 잘 지내고 싶다
- 학교선생님과의 관계
- 시험공부 계획만 세우고 공부하지 않는 것
- 심부름할 때 대답하기
- 제 시간에 잠에서 깨기

[느낀 점]

이 모든 것이 잘 되었으면 좋겠으며, 공부 계획만 세우고 실제 공부를 하지 않는다면 절대 공부에서 빠져나갈 수 없을 것 같다.

사례 3.

[빠져나오고 싶은 것들]

- 느리게 하는 나의 행동
- 다다다닥 빨리 말하는 행동
- 무엇을 할지 몰라 고민하는 행동
- 리코더 연습
- 독서감상문 적기
- 서술형 문제

[느낀 점]

이 모든 것을 한 번에 다 빠져나갈 수 있었으면 좋겠고 또 무엇인가가 나를 잡으러 오는 느낌이 든다.

다시 한 번 해 봐요

빠져나오고 싶은 것들을 빠져나오기 쉬운 순서로 목록을
만든 후, 그 상황에서 빠져나올 수 있는 방법은 무엇인지
구체적으로 생각해 봅시다.

빠져나오고 싶은 일	빠져나오기 쉬운 순서	이 상황에서 빠져나올 수 있는 방법은 무엇인지 구체적으로 적어 봅시다.

6월

학기 중!
가장 힘든 시간 속에서 살아남아요

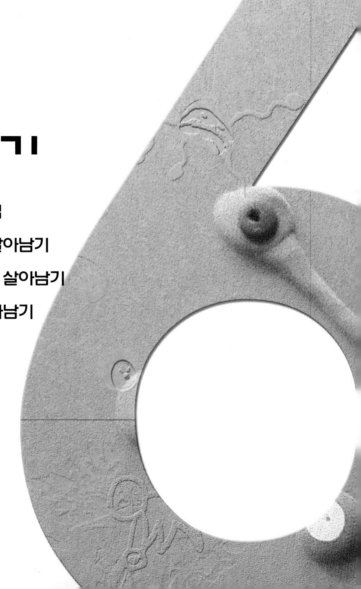

살아남기

1 주

살아남기 게임

▎목 표

1. 어렵지만 꼭 성취해야 하는 것을 탐색할 수 있다.

2. 성취하고 싶은 것을 이루기 위해 내가 할 수 있는 방법을 알 수 있다.

▎준비물

게임 화면 활동지, 사인펜, 색연필, 연필, 지우개

▎활동방법

1. '살아남기' 하면 떠오르는 것을 자유롭게 이야기한다.

2. 자신의 생활에서 하기 싫거나 힘들지만 살아남아야겠다고 생각되는 일에는 어떤 것들이 있는지 이야기 나눈다.

3. 내가 살아남고 싶은 일을 주제로 '나의 살아남기 게임'을 만든다면 메인 화면은 어떤 그림이 될지 생각해 본다.

4. 게임의 메인 화면, 아이템, 게임을 하는 규칙, 에너지 정도 등을 그림으로 표현한다.

5. 내가 만든 살아남기 게임에서 게임을 잘 하는 비결에는 어떤 것이 있는지 생각해 본다.

6. 이 게임의 최고 난이도는 무엇이고 끝판까지 갔을 때 자신은 어떤 모습일지 생각해 본다.

7. 자신의 주변에서 이 게임의 최고 고수는 누구인지 찾아보고, 본받을 점이 무엇인지 이야기 나눈다.

8. 활동 후 느낀 점에 대해서 이야기 나눈다.

▌주의사항

1. 게임의 내용과 아이템, 규칙을 구체적으로 작성할 수 있도록 현재 아동이 하는 게임과 비교해 보도록 한다.

2. 주변 인물 중 내가 만든 살아남기 게임의 최고 고수를 찾아서 모델링을 할 수 있도록 모델의 행동, 사고방식 등을 구체적으로 탐색할 수 있도록 한다.

3. 저학년이나 자유로운 표현을 어려워할 경우, 메인 화면을 표현한 활동지를 만들어 제시하여 화면 구성의 단서를 주도록 한다.

case

살아남다 [生存]

사람이나 일이 어느 분야에서
밀려나지 않고 계속 남아 있다

사례 1.

중등 1, 남학생

- **게임명**: 수학공부에서 살아남기 게임
- **규 칙**: 왼쪽에 표시된 순서대로 문제를 풀어 나가면 레벨을 올릴 수 있다. 제대로 하지 못하면 오른쪽의 선생님이 벌칙을 준다.
- **아이템**: 열나게 공부, 답지 보지 않는 것, 공식 외우기, 폭풍 숙제, 공식 흉내내기, 글씨 똑바로 쓰기

사례 2.

초등 6, 남학생

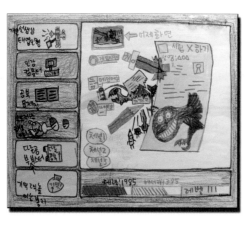

- **게임명**: 시험에서 살아남기 게임
- **규 칙**: 시험 문제를 내는 보스를 잡으면 아이템을 얻어서 파워나 레벨이 올라간다.
- **아이템**: 어려운 과목을 가르쳐 주는 개인 선생님, 인터넷 강의, 공부 문제집, 스트레스를 해소하는 약, 기분 전환을 하는 다른 공부 부스터, 기억력 높이는 봉지

사례 3.

- **게임명**: 친구관계에서 살아남기 게임
- **규 칙**: 친구를 도와주고 친구가 마음에 들어하면 레벨이 올라간다.
- **아이템**: 친구 말을 잘 들어준다. 친구를 도와준다. 친구가 아플 때 보건실에 데려다 준다. 친구가 맞고 있을 때 때리는 아이를 내가 때려 준다. 서로 화가 난 마음을 풀어 주는 바람, 싸움을 말리는 소화기

사례 4.

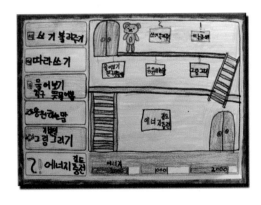

- **게임명**: 읽기, 쓰기에서 살아남기
- **규 칙**: 왼쪽 위에 있는 문에서 나와서 문제를 풀면서 오른쪽 아래 문으로 나간다. 문제를 다 풀고 문을 나가면 다음 레벨이 나온다.
- **아이템**: 쓰기 불러 주기, 따라쓰기, 모르는 것은 물어보기, 응원하는 말, 기분을 전환하고 휴식하는 그림 그리기, 에너지를 충전하는 검도

활동지: 게임 화면

아이템

메인 화면

에너지

다시 한 번 해 봐요

내가 만든 '살아남기 게임'을 판매하기 위한 광고를 만
들어 봅시다.

광고카피	
게임명	
만들게 된 동기	
게임의 효과	
추천 대상	
다른 사람의 추천글	
가격	
판매처 및 문의	
제조사	

**2
주**

거짓말에서 살아남기

▌목 표

1. 일상에서 빈번하게 사용하는 자신의 거짓말에 대해 알 수 있다.
2. 거짓말의 여러 가지 기능에 대해 알 수 있고, 거짓말보다 솔직하게 말하는 것의 이로운 점을 알 수 있다.
3. 거짓말을 하게 되는 상황에서 자신의 대처방법을 선택할 수 있다.

▌준비물

도화지, 사인펜, 크레파스

▌활동방법

1. 일상에서 자신이 사용하는 빈번한 거짓말에는 어떤 것이 있는지 탐색한다.
2. 자신이 하는 거짓말을 거짓말이 가진 기능별로 나누어 찾아본다.
    - 다른 사람을 속이기 위한 거짓말
    - 똑똑하고 칭찬받는 사람으로 보여지기 위해 포장하는 거짓말
    - 약한 자존심을 지켜 주는 방패로서의 거짓말
    - 착한 거짓말이라고 생각하고 한 거짓말
3. 자신이 한 거짓말은 주로 들키는지, 들키지 않는지 생각해 보고 들키는 거짓말과

들키지 않는 거짓말은 어떤 것들이 있는지 이야기 나눈다.

4. 자신이 하게 되는 거짓말 중에 가장 빈번하게 하는 거짓말을 그림으로 표현한다.

5. 그림으로 표현한 거짓말을 하는 이유는 무엇인지 생각해 본다.

6. 다른 사람은 속였지만 나 자신을 속이는 것이 가능한지 이야기 나눈다.

7. 거짓말을 하는 것보다 솔직하게 이야기했을 때의 장점을 찾고, 앞으로 솔직하게 이야기하는 것에 대한 자신의 결심을 적는다.

8. 활동 후 느낀 점에 대해서 이야기 나눈다.

▮ 주의사항

1. 자신의 거짓말에 대해 솔직하게 표현할 수 있도록 수용적인 분위기를 조성한다.

2. 의도적으로 속이기 위한 거짓말 외에 사실대로 말을 하지 않고 침묵하는 것도 거짓말의 한 종류가 될 수 있음을 이야기하여 다양한 종류의 거짓말을 탐색할 수 있도록 돕는다.

거짓말 [虛言]
사실이 아닌 것을
사실인 것처럼 꾸며 대어 말을 함

사례 1.
초등6, 남학생

- **약한 자존심을 지켜 주는 방패로서의 거짓말**: 짜증나서 동생을 때렸는데 동생이 폭풍처럼 울어서 엄마가 다가오자 동생 탓이라고 거짓말을 하고 혼나는 것을 피했다.
- **나의 결심**: 거짓말하면 들통난다. 솔직하게 말하고 편하게 살자!

사례 2.
중등1, 남학생

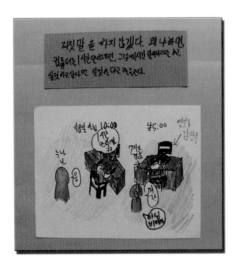

- **다른 사람을 속이기 위한 거짓말**: 컴퓨터를 1시간만 할 거라고 말해 놓고 7시간 동안 하면서 금방 시작했다고 거짓말을 했다.
- **나의 결심**: 거짓말을 하지 않겠다. 실컷하고 싶다면 실컷한다고 말을 한다.

사례 3.

- **약한 자존심을 지켜 주는 방패로서의 거짓말**: 친구를 때렸는데 선생님한테 안 때렸다고 거짓말을 했다.
- **나의 결심**: 야단맞는 것은 싫다. 하지만 선생님을 속이는 것은 더 나쁘다. 거짓말을 하지 않겠다.

사례 4.

- **똑똑하고 칭찬받는 사람으로 보여지기 위해 포장하는 거짓말**: 공부하냐고 물어보는데 다른 것을 하고 있어서 아무 말도 하지 않았다.
- **나의 결심**: 거짓말을 하면 오해받는다. 이제 대답을 잘하고 거짓말을 하지 않겠다.

다시 한 번 해 봐요

거짓말로 피해를 본 일이 있나요? 나의 거짓말로 인해 내가 피해를 본 일, 다른 사람의 거짓말로 인해 내가 피해 본 일을 찾아보고, 나의 결론은 무엇인지 적어 봅니다.

구 분	어떤 거짓말을 했나요?	이 거짓말로 인해 어떤 피해를 보았나요?
나의 거짓말로 피해를 본 경우		
다른 사람의 거짓말로 피해를 본 경우		
나의 결론		

바이러스에서 살아남기

█ 목 표

1. 자신의 생각, 감정, 행동의 기능을 약화시키는 상황을 알 수 있다.
2. 자신의 기능을 약화시키는 상황에서 대처방법을 알 수 있다.

█ 준비물

도화지, 아이클레이, 사인펜, 크레파스

█ 활동방법

1. 바이러스의 뜻에 대해서 이야기 나눈다.
2. 자신의 생각, 감정, 행동에 악영향을 미치는 바이러스는 어떤 것들이 있는지 생각해 본다.
3. 자신이 옮겨 받은 바이러스는 어떤 것이 있는지, 자신이 옮겨 준 바이러스는 어떤 것이 있는지 3가지씩 생각해 보고 그 증상은 어떤지 이야기 나눈다.
4. 자신이 가진 바이러스 중 가장 강력한 한 가지를 아이클레이로 만든다.
5. 바이러스가 감염된 경로를 생각해 본다.
6. 바이러스 감염을 예방하는 방법에는 어떤 것이 있을지 이야기 나눈다.
7. 바이러스를 어떻게 치료할 수 있는지 생각해 보고 자신이 만든 바이러스를 종이

에 붙이고 백신이 작용하는 상황을 그림으로 그린다.

8. 활동 후 느낀 점에 대해서 이야기 나눈다.

▌주의사항

1. 저학년 아동의 경우 바이러스와 백신에 대해 이해하기 쉽도록 자신이 경험한 예 방주사 등을 예를 들어 이야기 나누도록 한다.

2. 자신의 바이러스에 백신을 찾지 못하고 무기력한 태도를 보일 경우 집단원에게 도움을 요청하여 찾을 수 있도록 유도한다.

바이러스 [virus]

세균보다 훨씬 작은 전염성 병원체인 미생물

컴퓨터를 비정상적으로 작동하도록 만드는 악성 프로그램

사례 1. 초등 6, 남학생

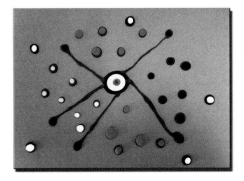

1. 다른 생각 바이러스

다른 생각을 나오게 해서 한 가지 일을 계속하지 못하도록 방해한다. 특히 공부할 때 다른 생각이 많이 나서 집중하기 어렵게 한다.

2. 바이러스를 퇴치하는 모습

전기 파워로 바이러스의 핵을 공격해서 핵이 터지고 초록색 피가 나오고 있다.

사례 2. 초등 6, 남학생

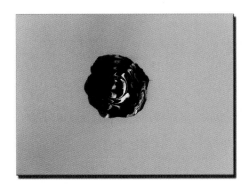

1. 피곤 바이러스

계속 피곤해서 사소한 일에도 짜증내고 욕을 하게 한다.

2. 바이러스를 퇴치하는 모습

잠을 주입하여 깊이 잘 자면 바이러스가 활동하지 못한다.

사례 3.

초등 4 , 남학생

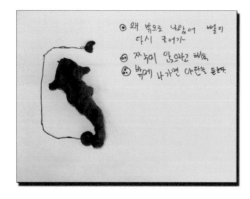 

1. 손장난 바이러스

수업시간에 손장난을 치고, 일어나고, 돌아다닌다. 선생님한테 야단을 맞고, 친구들이 싫어하게 한다.

2. 바이러스를 퇴치하는 모습

바이러스를 잡아서 교육시키고 있다. 친구들이 응원해 준다.

사례 4.

초등 3 , 남학생

 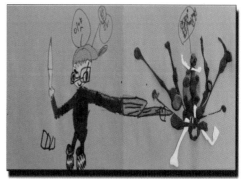

1. 엄마 말 안 듣는 바이러스

엄마가 심부름 시킬 때 딴짓을 하게 한다. 엄마가 공부하라고 할 때 못들은 척하고 장난감을 가지고 놀게 한다.

2. 바이러스를 퇴치하는 모습

용감한 내가 나타나서 바이러스를 칼로 무찌른다.

다시 한번 해 봐요

나의 바이러스에 백신이 될 수 있는 것은 어떤 것들이 있
을까요? 아빠, 엄마의 어떤 말이나 행동 등 주변 사람들
속에서 나의 바이러스에 백신이 될 수 있는 것들을 찾아
봅시다.

대 상	백신이 될 수 있는 것은 무엇인가요?
아빠	
엄마	
형제자매	
기타 가족	
친구 1	
친구 2	
친구 3	
선생님	

4주

ㅅl간에ㅅㅓ 살ㅇ ㅏ남ㄱl

목표

1. 일상생활에서 자신의 욕구와 실제 현실의 차이를 알 수 있다.
2. 시간 사용에 있어서 자신의 선택에 따른 미래 상황을 예측할 수 있다.

준비물

24시간 시간표, 사인펜, 색연필, 연필, 지우개

활동방법

1. 24시간 시간표의 작성방법에 대해 이야기 나눈다.
2. 일상생활의 실제 시간표, 엄마에게 요구받는 시간표, 내가 원하는 시간표를 만든다.
3. 세 개의 시간표에서 공통점과 차이점을 찾는다.
4. 내가 원하는 시간표와 엄마에게 요구받는 시간표의 차이를 어떻게 하면 좋을지 방법을 탐색한다.
5. 요구받는 시간표대로 살았을 때 나중에 어떻게 될지 예측해 본다.
6. 내가 원하는 시간표대로 살았을 때 나중에 어떻게 될지 예측해 본다.
7. 자신은 어떤 시간표를 선택할 것인지 이야기 나눈다.

8. 활동 후 느낀 점에 대해서 이야기 나눈다.

▌주의사항

1. 시간표 작성 시 휴일이나 공휴일이 아닌 일상생활을 나타내는 평일 시간으로 아동이 비교적 잘 기억할 수 있는 시간을 작성하도록 한다.

2. 각 시간에 대한 내용을 구체적으로 작성하고 빈칸을 두지 않도록 스스로 점검하도록 한다.

3. 저학년 아동의 경우 3개의 시간표를 모두 비교하기 어려우면 실제 시간표와 내가 원하는 시간표를 비교하여 탐색하도록 한다.

4. 개인의 가정생활, 사회생활, 관계 면에서 다양하게 예측해 볼 수 있도록 하여 시간의 사용이 미치는 영향을 탐색할 수 있도록 한다.

시간 [時間]

과거, 현재, 미래로 이어져 머무름이 없이
일정한 빠르기로 무한히 연속되는 흐름

사례 1.

초등6, 남학생

1. 실제 시간표

잠자는 시간이 7시간, 학교생활이 7시간, 숙제와 자유시간이
3시간, 영화와 TV 시청이 3시간이다.

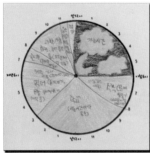

2. 엄마에게 요구받는 시간표

잠자는 시간이 6시간, 학교생활이 7시간, 공부하는 시간이 12시
간이다. 영어와 수학 등 공부 시간을 가장 많이 요구받는다.

이렇게 살면:

• 천재가 되어서 영재대회에 나간다.

• 사업가나 대통령이 된다.

• 돈을 많이 벌어서 원하는 것을 많이 사고 외국에 놀러 간다.

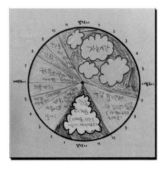

3. 내가 원하는 시간표

잠자는 시간이 9시간, 오락과 휴식시간이 13시간이다. 학교에
가지 않고, 공부시간 없이 컴퓨터와 TV 보기를 통해 쉬는 것
을 가장 많이 원한다.

이렇게 살면:

• 취업이 어렵다.

• 돈이 없어 굶고 빚을 지게 되어서 빚쟁이가 쫓아다닌다.

• 거지가 되어서 동냥한다.

[공통점과 차이점 탐색]

• 잠자는 시간이 실제 시간표에 7시간, 요구받는 시간표에 6시간, 원하는 시간표에 9시간으로 원하는 시간표에 잠자는 시간이 제일 많다.

• 실제 시간표와 요구받는 시간표에는 학교생활이 7시간씩 들어가 있는데 원하는 시간표에는 학교시간이 없다.

• 실제 시간표에는 숙제와 자유시간이 섞여 3시간이고, 요구받는 시간표에는 공부하는 시간만 12시간이 있고, 원하는 시간표에는 공부하는 시간이 전혀 없다.

[나의 선택]

나는 엄마에게 요구받는 시간표와 유사하게 산다. 내가 원하는 시간표대로 살면 미래가 힘들 것 같아서 나의 미래를 위해서 엄마에게 요구받는 시간표를 선택하겠다.

사례 2.   초등 6, 남학생

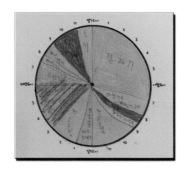

1. 실제 시간표

잠자는 시간이 7시간, 학교생활 7시간, 수학학원 2시간, 학교숙제 2시간, 독서 1시간, 캐치볼 1시간이다.

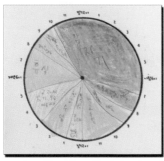

2. 엄마에게 요구받는 시간표

잠자는 시간 9시간, 학교생활 7시간, 아침 등교 준비와 예습이 2시간, 교과서 예습 2시간, 휴식 3시간, 소설책 읽기 1시간이다. 교과수업의 예습과 복습을 가장 많이 요구받는다.

이렇게 살면 :

• 좋은 대학에 갈 수 있다.

• 잠을 많이 자서 키가 많이 큰다.

• 유식해지고 취업이 쉬워진다.

• 공부를 많이 해서 스트레스가 좀 많이 쌓인다.

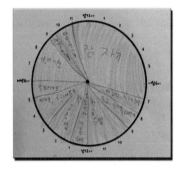

3. 내가 원하는 시간표

• 잠자는 시간이 8시간, 학교생활 7시간 중에 친구랑 수다떨기가 2시간, 캐치볼과 교과서 읽기 2시간, 학원 4시간(컴퓨터 학원 1시간, 영어 학원 3시간), 마술연습 1시간 반이다. 친구와의 시간을 가장 원하고 친구들 사이에서 인기를 얻기 위해 마술 연습을 하고 싶다.

이렇게 살면:

• 좋은 대학에 갈 수 있다.
• 마술과 영어를 잘 할 수 있다.
• 컴퓨터 자격증을 따면 대학 갈 때 가산점수가 붙는다.
• 많이 자서 키가 많이 큰다.
• 스트레스가 적어진다.

[공통점과 차이점 탐색]

• 자유시간이 실제 시간표에는 2시간, 요구받는 시간표에는 4시간, 원하는 시간표에는 5시간으로 실제 시간표에 자유시간이 적다.
• 원하는 시간표에는 내가 하고 싶은 영어 학원과 마술 연습이 있다.
• 요구받는 시간표와 원하는 시간표에는 학교 숙제 시간이 없다.
• 실제 시간표와 요구받는 시간표에는 손으로 해야 하는 공부가 있다.

[나의 선택]

나는 내가 원하는 시간표와 유사하게 산다. 내가 가고 싶은 대학에 가려면 학교 공부를 지금보다 더 열심히 해야겠다.

엄마에게 요구받는 시간표와 내가 원하는 시간표를 절충해서 새로운 시간표를 만들어 보겠다.

활동지: 24시간 시간표

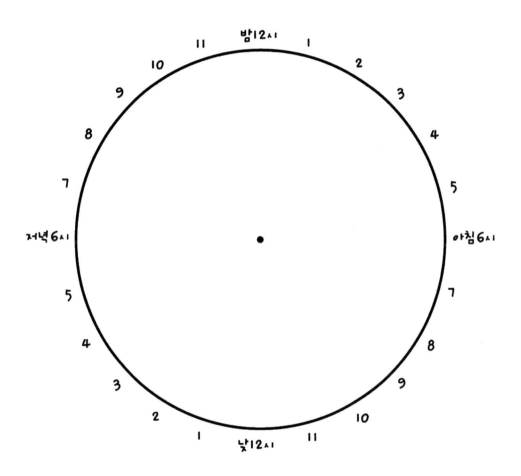

다시 한 번 해 봐요

시간표를 통해 살펴본 나의 실제 생활에서 내가 가장 견디기 힘든 일은 무엇인가요? 그 상황을 좀 더 편하게 보내기 위해서 내가 할 수 있는 방법들은 무엇이 있는지 주변 사람들에게 인터뷰해 봅시다.

나의 실제 생활에서 내가 가장 견디기 힘든 일은 무엇인가요?		
이 상황을 좀 더 편하게 보내기 위해서 내가 할 수 있는 방법		
대 상	이렇게 마음먹으면 돼요	이렇게 행동하면 돼요
아빠		
엄마		
형제자매		
친구 1		
친구 2		
친구 3		
선생님		

7월

함께해요!
즐거움을 나누어요

함께하기

1주

너와 내가 한자리에

목 표

1. 주의력과 창의력을 증진할 수 있다.
2. 집단원과 함께하는 과정에서 협동심을 높이고 함께하는 과정의 즐거움을 경험할 수 있다.

준비물

종이접기 도안, 4절지, 색종이, 풀, 스테이플러, 가위, 칼, 사인펜, 색연필, 연필, 지우개

활동방법

1. 종이오리기 도안[1]을 보며 집단원들과 의논을 해서 각자 1가지씩 도안을 선택한다.
2. 색종이를 2번 접은 후 도안을 올리고 도안을 따라 오린다(총 4장이 나올 수 있도록 가로로 한번, 세로로 한번 접는다).
3. 4절지에 집단원들이 오려 놓은 색종이를 올려놓는다.
4. 오려 놓은 색종이를 조합이 되도록 배치한다.

1) 주부의벗사 외(2010). 누구나 쉽게 따라하는 귀여운 종이오리기. 맹보용 역. 서울: 시공사.

5. 4절지에 배치해 놓은 색종이를 풀로 붙이고 집단원들이 함께 배경을 그린다.

6. 집단원들과 함께 이야기가 되도록 꾸민다.

7. 활동 후 느낀 점에 대해서 이야기 나눈다.

▌주의사항

1. 색종이를 접어 오리는 과정에서 칼을 사용하거나 가위를 사용할 때 손이 다치지 않도록 주의한다.

2. 도안을 색종이 위에 고정시켜 자를 경우 손이 다치지 않도록 주의한다.

3. 지시에 따라 종이를 접는다. 종이 접는 방향이 잘못되면 원하는 만큼의 개수가 나오지 않으므로 주의한다.

case

협동심 [協同心]
서로 마음과 힘을 하나로 합하려는 마음

사례 1.
초등 저학년, 남학생 집단

하늘에서 눈의 모양을 타고 동물들이 내려온다. 이 동물들은 토끼가 마법을 걸어 여행을 하고 있는 중이다. 땅에는 사슴들이 있다. 토끼는 동물들에게 여행을 보내 주어 기분이 좋다. 날씨가 좋아 토끼가 우주비행선을 불렀다.

우리가 힘을 합쳐 동화가 완성되었다. 동화책으로 만들어 학교 반 친구들에게 보여 주고 싶다.

사례 2.
초등 고학년 집단

이곳은 뮤지컬 무대다. 이 장면은 소녀들이 발레를 하고 있으며 조명과 음악 소리가 들린다. 아주 중요한 장면이라 사람들이 모두 숨죽여 보고 있다.

도안의 선택이 적절했던 것 같다. 그림을 잘 그리는 친구가 나의 뜻을 잘 표현해 주어 고마움을 느꼈다.

사례 3.

중등 여학생 집단

아주 한적한 숲 속이다. 숲 속에 집이 한 채 있고 이 집 근처에 사슴과 양들이 살고 있다. 저 멀리 성이 보이며 새들은 집에 가고 있다. 펜으로 그림을 그리면 실패할까 봐 종이로만 표현하였다.

중간에 칼로 오려 내는 부분이 힘들었으나, 같이 작품을 만드는 것이기에 망칠 수 없었다. 해 놓고 보니 우리가 정말 대단하다는 생각이 든다.

다시 한번 해 봐요

자신의 단점이 어떤 상황에서 장점이 될 수 있는지 찾아
봅시다.

순 위	나의 단점	어떤 상황에서 장점이 될 수 있나요?

나의 분신

목 표

1. 신체의 골격을 그려 봄으로써 인물의 동작과 움직임에 대한 표현력을 높일 수 있다.
2. 자신의 분신을 통하여 자신의 욕구를 표현할 수 있다.

준비물

검정 색지, 4절지, 풀, 가위, 사인펜, 크레파스, 색연필, 분필

활동방법

1. 분신은 무엇인지, 어떠할 때 자신의 분신이 있었으면 좋겠다고 생각했는지 이야기 나눈다.
2. 검정 색지에 흰색 분필로 자신의 분신인 뼈다귀 사람의 형태를 그린다.
3. 뼈다귀 형태의 사람에게 볼록볼록 소시지 형태의 근육을 그리고 그 위에 옷을 입힌 후 가위로 자른다.
4. 어떠한 공간에서 자신의 분신이 활동할 것인지 생각한 후 집단원과 함께 이야기 나눈다.
5. 4절지에 사람 형태의 분신을 붙인 후 배경을 그린다.

6. 그림에 대해서 이야기 나눈다.

7. 활동 후 느낀 점에 대해서 이야기 나눈다.

▌주의사항

1. 검정 색지에 흰색, 노란색, 회색 등의 밝은 색으로 그려야 선명하게 표현됨을 미리 설명한다.

2. 소시지 형태의 근육을 너무 볼록하게 그리면 옷을 입히기 힘드므로 주의한다.

분신 [分身]

사람의 다른 몸

가상세계 아바타

어떤 주체에서 갈라져 나온 부분

case

단계 1

검은색 종이에 흰색 분필로 사람의 뼈대
모양을 만든다.

단계 2

사람의 뼈대에 소시지 형태의 근육을 붙
이고 옷을 입힌다.

단계 3

4절지에 자신의 분신을 붙인다.

단계 4

자신의 분신이 어디서 무엇을 하고 있을
지 생각하며 그림을 그린다.

사례 1.

분신 1: 학교 운동장에서 실컷 뒹굴기

분신 2: 공부하기

분신 3: 게임하기

분신 4: 오락실에서 게임하기

분신 5: 잠자기

사례 2.

중등 여학생 집단

분신 1: 학교에서 공부하기

분신 2: 놀이동산에서 놀이기구 타고 놀기

분신 3: 바닷가에서 놀기

다시 한 번 해 봐요

1주일 동안 나의 분신이 필요했을 때는 언제였나요?

어떤 새로운 분신이 필요했는지 알아봅시다.

요 일	나의 분신이 필요한 날	어떤 분신이 필요했나요? 이유는?
월		
화		
수		
목		
금		

3 주

한마음, 한뜻

목 표

1. 집단원과 함께하는 과정에서 협동심과 배려심이 향상될 수 있다.
2. 유사한 일을 경험함으로써 공감하는 마음을 가질 수 있다.

준비물

군인 모양의 피겨, 전지, 4절지, 도화지, 댓글을 달 종이, 풀, 가위, 사인펜, 크레파스, 색연필

활동방법

1. 군인 피겨의 모습을 보고 자신을 포함하여 자신의 군 부대원 6명을 그린다.
2. 집단원들과 협동하여 적을 무찌르기 위해서 우리 팀의 부대원들이 어떻게 전열해야 할 것인지 의논해서 전지에 붙인다.
3. 전지에 붙여진 모습을 보고 상황에 대한 그림을 그린다(적들은 전지에 그림으로 그린다).
4. 어떤 상황인지에 대하여 이야기 나눈다.
5. 댓글을 달 종이에 상황에 따른 댓글을 단다.
6. 활동 후 느낀 점에 대해서 이야기 나눈다.

주의사항

1. 자신의 군 부대원들을 다른 집단원의 부대원과 섞이지 않도록 같은 색의 모자나 옷 등으로 표시를 해 주도록 한다.

2. 전쟁 상황에서 한마음으로 협동해야 적을 무찌를 수 있다는 것을 인식시켜 집단 원들이 협동할 수 있도록 한다.

case

한마음 [一心]

변함없는 마음

하나로 합친 마음

단계 1

군인 모양의 피겨를 관찰한다.

단계 2

나의 군 부대원들을 그림으로 그린다. 나의 부대원들을 알아볼 수 있도록 모자에 같은 색을 칠해 준다.

단계 3

전지에 나의 부대원과 집단원의 부대원들을 붙인다. 배경이 되는 상황(전쟁을 하는 모습 및 군인들이 활동하는 모습)을 전지에 그린다.

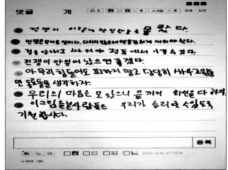

단계 4

그림을 보고 전쟁을 통하여 느끼게 된 것을 댓글 종이에 한 사람씩 적는다.

사례 1. 초등 고학년 집단

초등학교 5~6학년 아동들이 함께 협동하여 전쟁하는 모습을 표현하였다.

사례 2. 초등 저학년 집단

초등학교 저학년 아동들이 함께 협동하여 전쟁하는 모습을 표현하였다.

다시 한 번 해 봐요

친구의 행동을 관찰한 후 친구에게 좋은 댓글을 달아 봅시다.

친 구	친구의 어떤 점을 관찰하였나요?	어떤 좋은 댓글을 달아 주었나요?

4주

같은 눈으로 바라보기

▌목표

1. 자신의 장점이나 긍정적인 면을 탐색하고 표현할 수 있다.
2. 친구의 장점을 찾아 주는 활동을 통해 자긍심 향상과 협동과 배려심을 높일 수 있다.

▌준비물

전지, 8절 색지, 비늘 모양의 색지, 풀, 가위, 사인펜, 크레파스, 색연필

▌활동방법

1. 8절 색지에 자신을 물고기로 비유하여 종이에 가득 찰 정도로 크게 그린 후 가위로 오린다.
2. 물고기 뒷면에 자신의 이름과 물고기 이름, 사는 곳, 먹이, 특징 등에 대한 설명을 적고 발표한다.
3. 비늘 모양의 색지에 자신이 다른 사람에게 자랑하고 싶은 점을 적어서 자신의 물고기에 붙인다.
4. 집단원들은 자신의 물고기를 오른쪽 친구에게 준다.
5. 친구의 물고기를 받은 후 이 친구의 좋은 점, 평상시 부러웠던 점을 비늘 모양의

색지에 적어 붙인다.

6. 자신의 물고기가 제자리에 오면 친구들이 적어 준 글을 읽고 제일 마음에 드는 글을 적어 준 친구에게 고마움을 표현한다.

7. 전지에 집단원들의 물고기를 붙인다.

8. 전지에 집단원의 모든 물고기가 살 수 있는 공간을 만들고 다 함께 꾸민다.

9. 활동 후 느낀 점에 대해서 이야기 나눈다.

▎주의사항

1. 색지에 물고기 그림을 그릴 때 색연필과 색지의 색을 다르게 하여 선명하게 표현 되도록 한다.

2. 비늘 모양의 색지를 물고기에 붙일 때 입체감을 주기 위하여 비늘 모양의 색지를 1/5 정도 접고 그 부분에만 풀을 붙인다.

3. 자신의 물고기가 혼자 사는 것보다 집단원의 물고기가 함께 어우러져 생활하는 것이 더 즐겁고 행복한 것임을 느낄 수 있도록 전지에 꾸미는 작업이 즐겁도록 격려한다.

자긍심 [自矜心]
스스로에게 긍지를 가지는 마음

단계 1

자신의 물고기에 자신의 장점을 붙인다. 비늘 모양의 색지에 친구의 장점이나 부러웠던 점을 적어 친구의 물고기에 붙인다.

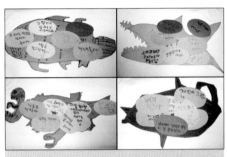

단계 2

친구들이 적어 준 글을 읽고 마음에 드는 글을 적어 준 친구에게 고마움을 표현한다.

단계 3

전지에 자신이 붙이고 싶은 위치에 물고기를 붙인다.

단계 4

친구들과 함께 물고기가 살 수 있는 공간을 크레파스로 꾸민다.

사례 1.

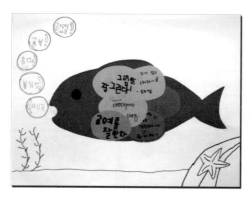

친구들과 함께 잘 어울리지만 각자 사는 곳은 다르다. 나의 물고기는 어항 속에 살고 있으며, 이곳은 바다와 비슷하게 꾸며 이 물고기가 실제 바다에 나가서도 힘들지 않게 적응할 수 있을 것이다.

사례 2.

여러 모양의 물고기들이 살고 있는 아주 깊은 바다다. 물고기 모양도 다르고 성격도 다르지만 서로 도와가며 사이좋게 잘 지낸다. 바다 깊은 곳이라 이 물고기들을 잡아갈 수 없다.

다시 한 번 해 봐요

우리 가족 구성원 모두에게 각자의 좋은 점과 부러운 점,
닮고 싶은 점을 찾아봅시다.

대 상	우리 가족 구성원의 좋은 점	부럽거나 닮고 싶은 점
아빠		
엄마		
형제자매		
기타 가족		

8월

여름방학!
힘든 것들을 시원하게 날려요

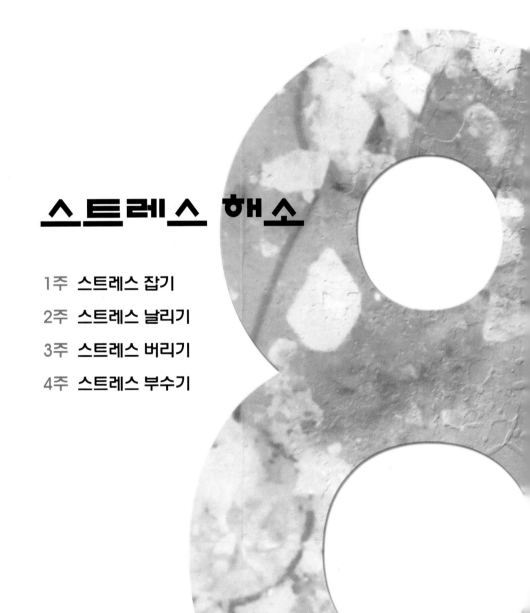

스트레스 해소

**1
주**

스트레스 잡기

▌목 표

자신에게 스트레스가 되고 힘이 빠지게 만드는 것들을 최소화시키는 방법을 찾을
수 있다.

▌준비물

파리채, 파리채에 물감을 묻힐 수 있는 넓은 쟁반이나 접시, 앞치마, 전지, 도화지,
물감

▌활동방법

1. 자신을 짓누르거나 너무 힘들게 해서 없애고 싶은 상황, 사건, 사람 등을 생각
   한다.
2. 도화지에 원을 3~4개 정도 그리고 원 안에 자신이 현재 잡아서 없애고 싶은 것,
   자신을 짓누르는 것 등을 그린다.
3. 원의 모양을 따라 오려서 전지에 붙이고 자신이 스트레스를 받고 있는 것은 무엇
   인지 이야기 나눈다.
4. 파리채에 자신이 원하는 색의 물감을 묻힌다.
5. 전지에 잡아서 없애고 싶은 것, 짓누르는 것들을 파리채를 이용하여 파리를 잡듯

때려서 잡는다.

6. 파리채로 잡는 활동이 끝나면 전지에 물감이 찍힌 상황을 보고 연상되는 것들
을 함께 꾸민다.

7. 전지에 꾸민 것이 무엇인지 함께 이야기한다.

8. 활동 후 느낀 점에 대해서 이야기 나눈다.

▌주의사항

1. 파리채를 두드릴 때 옷에 튀기지 않도록 앞치마를 준비한다.

2. 파리채를 너무 휘두르거나 지나치게 두드려 다른 사람의 얼굴이나 옷에 튀지 않
도록 주의한다.

스트레스 [緊張]

적응하기 어려운 환경에 처할 때

느끼는 심리적 · 신체적 긴장 상태

단계 1

자신을 짓누르는 여러 가지 상황이나 사건을 아동들이 도화지에 그리고 있다.

단계 2

아동들이 자신을 억누르는 사건이나 상황을 그린 후 오려서 전지에 붙인다.

단계 3

외부 장소에 나가 전지를 넓게 깔고 파리채를 아동들에게 나눠 준다. 물감을 푼 큰 쟁반이나 접시를 이용하여 파리채에 물감을 묻힌 후 자신이 그린 그림 위에 파리를 잡듯이 파리채를 내리친다. 아동들은 자신을 짓누르는 상황이나 사건을 때려서 잡는 경험을 통해 심리적 이완을 경험한다.

완성작품   초등 저학년 집단

다시 한 번 해 봐요

하루에 한 가지씩 자신을 짓누르는 것, 잡아서 없애고 싶
은 것을 찾아보고 그것들을 없애 버릴 수 있는 자신만의
방법을 탐색해 봅시다.

요 일	나를 짓누르는 스트레스	스트레스 잡는 나만의 방법
월		
화		
수		
목		
금		

스트레스 날리기

▌목표

1. 자신이 스트레스 받는 상황을 찾아봄으로써 스트레스에 취약한 영역을 확인할 수 있다.
2. 스트레스 상황을 비닐봉지 연에 그려 날리면서 카타르시스를 경험할 수 있다.

▌준비물

하얀 비닐봉지 각 2개, 끈, 유성 매직

▌활동방법

1. 스트레스가 무엇인지 알아보고 '나는 어떤 상황에서 스트레스를 받는지' 이야기한다.
2. 스트레스 하면 떠오르는 이미지들에 대해서 이야기 나눈다.
3. 비닐봉지를 받고 자신이 가장 스트레스 받는 상황들을 매직으로 그린다.
4. 자신이 스트레스 받는 상황을 그린 것에 대해서 이야기 나눈다.
5. 자신에게 스트레스는 무엇인지 자신만의 정의를 내린다.
6. 스트레스 받는 상황에서 어떤 것을 연상하면 스트레스가 풀리는지 이야기 나눈다.
7. 비닐봉지에 끈을 묶어 방해물이 없는 공터나 마당에 나가 비닐봉지 연을 날린다.

8. 연날리기를 한 후 실내로 돌아와 연을 날릴 때의 느낌을 이야기 나눈다.

9. 활동 후 느낀점에 대해서 이야기 나눈다.

▌주의사항

1. 비닐이 미끄럽고 잘 움직이는 성질이 있으므로 그림을 그릴 때 비닐을 쫙 펴고 주의하여 그리도록 한다.

2. 밖에서 연을 날릴 때 서로 방해가 되지 않도록 주의한다.

3. 비닐에 매직이 번지지 않도록 매직이 마를 시간적 여유를 줄 수 있도록 한다.

case

해소 [解消]
어려운 일이나 문제가 되는 상태를 해결하여 없애 버림

단계 1
집단원들이 비닐봉지에 자신이 스트레스를 받고 있는 상황을 매직을 이용하여 그리고 있다.

단계 2
비닐봉지 연 날리기
스트레스 상황을 그린 비닐봉지에 끈을 달아 집단원들이 정원에서 스트레스를 날리고 있다.

사례

초등 저학년 집단

초등 2, 남학생
잠이 올 때 학원에 가는 것, 시험에서 올백을 받지 못했을 때, 공부하고 있는데 친구들이 떠들 때 스트레스를 받는다고 표현하였다.

초등 3, 남학생
공부할 양이 많을 때, 공부하려고 하는데 엄마가 공부하라고 할 때, 방으로 들어가려는데 시끄럽다고 누나가 고함칠 때, 학원 가기 싫을 때 스트레스를 많이 받는다고 표현하였다.

다시 한 번 해 봐요

주변 사람들은 어떤 일로 스트레스를 받는지
알아보고 어떻게 스트레스를 푸는지 알아봅시다.

대 상	어떤 일로 스트레스를 받나요?	스트레스를 어떻게 해결하나요?
아빠		
엄마		
형제자매		
친구 1		
친구 2		
친구 3		
선생님		

스트레스 버리기

▌목 표

자신의 스트레스를 해소하는 방법을 찾고 활동을 통해 스트레스를 해소할 수 있다.

▌준비물

다양한 크기의 비닐봉지(흰색), 신문지(1인당 2~3장), 도화지, 유성매직, 사인펜

▌활동방법

1. 쓰레기통의 기능에 대해 탐색한다.

2. 자신에게 버리고 싶은 스트레스는 어떤 것이 있는지 이야기 나눈다.

3. 신문지를 2~3장 받는다.

4. 자신이 생각하는 '나의 스트레스'는 어떤 크기의 비닐에 넣어야 할지 생각하고 스트레스 크기, 양, 강도에 맞는 크기의 비닐을 하나 선택하여 가져간다.

5. 자신이 선택한 비닐을 가지고 유성매직으로 쓰레기봉투를 꾸민다.

6. 자신이 받는 스트레스는 어떤 것이 있는지 크기, 양, 강도에 따라 크기를 달리하여 신문지를 찢은 후 스트레스의 내용을 적는다.

7. 내용이 적힌 신문지를 구기거나 접거나 뭉쳐서 자신의 쓰레기봉투에 버린 후 스트레스가 빠져나가지 못하도록 묶는다.

8. 스트레스 종류에 따른 쓰레기를 분리수거하는 날을 친구들과 의논한다.

예〉 스트레스 분리수거 일

요 일	월요일	화요일	수요일	목요일	금요일
내 용	학업	친구 및 동생과의 관계	어른과의 관계	규칙	학원

9. 쓰레기차가 쓰레기를 가져가서 어떻게 처리할 것인지 도화지에 그림으로 표현한다.

10. 만약 쓰레기차가 자신의 쓰레기를 가져가지 않는다면 그 쓰레기를 어떻게 할 것인지 생각한다.

11. 각자가 표현한 쓰레기 처리방법을 발표한 후 집단원 중 누구의 방법이 스트레스를 버리기에 제일 좋은 방법인지 이야기 나눈다.

12. 자신은 어떤 영역에서 가장 스트레스를 많이 받고 있으며 실제로 스트레스를 줄이거나 없앨 수 있는 방법은 무엇인지 이야기 나눈다.

13. 활동 후 느낀 점에 대해서 이야기 나눈다.

▌주의사항

1. 아동이 자신의 스트레스를 신문지에 적을 때 스트레스 양과 크기에 따라 적절한 크기로 찢을 수 있도록 돕는다.

2. 실제 자신의 스트레스를 제거할 수 있는 방법을 찾을 수 있도록 격려한다.

수거 [收去]

거두어 감

단계 1

자신만의 쓰레기봉투를 만든다.

단계 2

신문지를 찢어 자신이 받고 있는 스트레스를 적는다.

단계 3

신문지에 적은 스트레스 목록을 구겨 자신이 만든 쓰레기봉투에 버린다.

단계 4

자신이 만든 쓰레기봉투와 그 안의 스트레스를 어떻게 처리할지 도화지에 그린다.

사례 1.   초등 고학년 집단

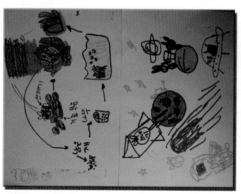

우주에 쓰레기봉투를 날려 보낸다.

불에 태우거나 우주에 날려 블랙홀에 들어가게 한다.

완성작품

쓰레기 수거를 기다리는 쓰레기봉투들

다시 한 번 해 봐요

우리 가족의 스트레스를 신문지나 종이, 휴지에 적은 후
스트레스를 풀기 위해 구기든, 밟든, 뭉치든, 찢은 후 쓰
레기봉투에 담아 옵시다.

대 상	어떤 스트레스를 가지고 있나요?	스트레스를 적은 종이를 어떻게 처리했나요?
아빠		
엄마		
형제자매		
기타 가족		

스트레스 부수기

목 표

1. 작업을 통해 스트레스를 해소할 수 있다.

2. 사탕을 이용한 채색작업을 통해 색다른 즐거움을 경험할 수 있다.

3. 함께하는 작업을 통해 협력하는 즐거움을 경험할 수 있다.

준비물

비닐봉지 두꺼운 것 여러 개, 사탕, 고무망치나 돌, 분무기, 색분필이나 파스텔, 도화지, A4용지, 만다라 도안, 풀, 가위, 크레파스나 색연필, 연필

활동방법

1. 두 사람이 짝이 되어 팀이 구성되면 사탕과 비닐봉지, 팀별로 각기 다른 색의 분필을 나눠 준다.

2. 받은 사탕을 까서 비닐봉지에 넣은 후 색분필을 교사에게서 받아 비닐봉지에 사탕과 함께 넣는다.

3. 마당이나 넓은 터에 신문을 두툼하게 깔고 사탕과 분필이 든 봉지를 내려놓고 고무망치나 돌을 이용하여 잘게 부순다.

4. 사탕을 다 부순 팀은 만다라 도안을 1장 받은 후 잘게 부순 사탕가루를 이용하여

만다라 도안에 채색작업을 한다.

5. 다른 색이 필요할 경우 다른 팀에서 빌려 오고 빌려 주는 작업도 함께한다.

6. 완성된 만다라를 보면서 연상되는 것을 도화지에 그린다.

7. 자신이 그린 그림이 어떤 것인지 왜 그것이 떠올랐는지 이야기 나눈다.

8. 이야기가 끝나면 자신의 그림을 오리고 짝의 그림과 함께 다시 도화지에 붙인다.

9. 두 그림이 들어간 이야기를 짝과 함께 만들어 A4용지에 적는다.

10. 짝과 함께 만든 이야기를 발표한다.

11. 활동 후 느낀 점에 대해서 이야기 나눈다.

▌주의사항

1. 보다 선명한 사탕가루 색을 위해 색분필이나 파스텔을 함께 사용한다.

2. 돌로 사탕을 깰 때 비닐에 구멍이 나기 쉬우므로 비닐에 있는 내용물이 밖으로 빠져나오지 않도록 아동들에게 주의를 준다.

3. 사탕으로 만다라를 채색할 때 만다라 도안과 아이들이 뿌린 사탕에 분무기로 물을 뿌려 사탕이 잘 굳도록 도움을 준다.

4. 끈적끈적한 물질을 과도하게 피하거나 지나치게 즐기는 아동들에게 감각적인 도움을 주는 것을 잊지 않는다.

부수기 [碎]

단단한 물체를 여러 조각이 나게 두드려 깨뜨리기

만들어진 물건을 두드리거나 깨뜨려 못 쓰게 만들기

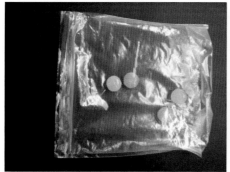

단계 1
사탕을 비닐봉투에 넣는다.

단계 2
색깔을 선명하게 하기 위해 분필을 함께 넣는다.

단계 3
고무망치(돌)를 이용하여 사탕을 부순다.

단계 4
사탕과 분필이 최대한 잘게 부서지도록 여러 번 두드리는 작업을 한다.

단계 5

잘게 부서진 가루를 나누어
준 만다라 도안 모양에 따라
뿌린다.

단계 6

사탕가루가 종이에 잘 붙도록
치료사가 분무기로 물을 조금
씩 뿌려 준다.

단계 7

사탕가루가 도안 무늬에 따라
골고루 채색되도록 손으로 만
져 준다.

단계 8

집단원들이 함께 사탕 만다라를 만든 후 연상되는 것을 그림으로 표현해 보고 이야기 나
눈다.

완성작품 초등 저학년 집단

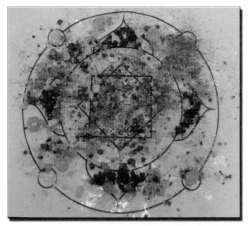 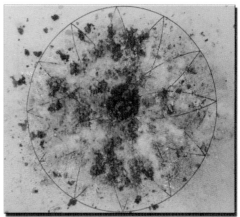

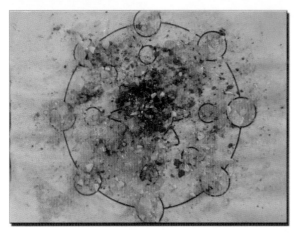

다시 한 번 해 봐요

자신만의 만다라를 그리고 모양을 그린 이유와 작품을 보고 느낀 점을 적어 봅시다.

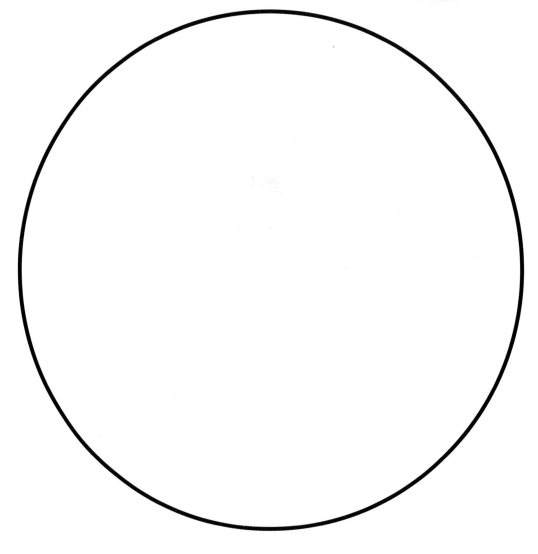

9월

2학기!
나는 조금씩 자라고 있어요

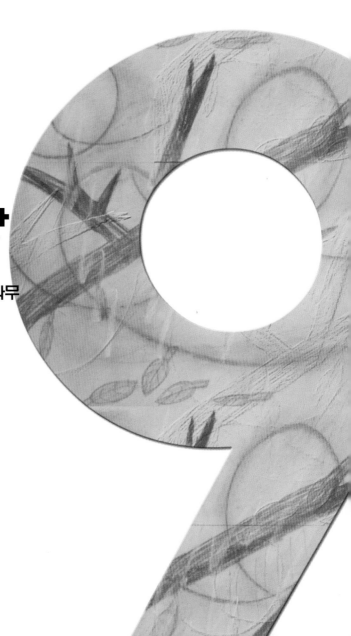

자기 성장

**1
주**

비바람을 견뎌 낸 나무

▌목 표

1. 현재 자신의 모습을 '비바람을 견뎌 낸 나무'에 비유해 생각해 봄으로써 자신의 성장을 확인해 볼 수 있다.
2. 자신의 성장을 위해 필요한 자원이나 가족이나 또래 등 관계하는 사람들이 제공해 주기를 바라는 지원 목록을 탐색해 볼 수 있다.

▌준비물

B4용지, 사인펜이나 색연필

▌활동방법

1. 여름날의 장맛비, 늦여름 태풍에 대해 생각해 보고 자신에게 장맛비나 태풍처럼 길고 지루하며 힘든 상황은 무엇이 있는지 생각해 보고 이야기 나눈다.
2. "장맛비가 퍼붓고 태풍이 지나간 자리의 나무가 가을을 맞이하였습니다. 지금-현재 그 나무의 가지는 어떤 모습인지 그려 주세요."라는 지시에 따라 그림을 그린다.
3. 자신이 그린 그림에 대해서 이야기 나눈다.
   • 장맛비가 퍼붓는 동안 썩지 않고 뿌리가 뽑히지 않게 자신이 노력한 것은 어떤

부분인가?

• 태풍의 강한 바람에 상하거나 생채기가 나거나 꺾인 가지가 있다면 회복하기 위해 어떤 노력이 필요한가?

• 가을을 맞아 열매를 맺기 위해 필요한 것은 무엇인가?(나의 노력/외부에서 지원되어야 할 것)

4. 활동 후 느낀 점에 대해서 이야기 나눈다.

▌주의사항

1. 장맛비와 태풍의 상징성에 대한 이해가 있어야만 비바람을 견뎌 낸 나무에 자신을 비유할 수 있으므로 충분한 예를 들어 설명하고 이야기 나누는 시간을 충분히 제공한다.

2. 비바람을 견뎌 낸 나무에 대해 탐색하였지만 그림은 전체 나무의 모습보다는 나뭇가지로 표현하게 하여 환경과 타인과의 관계에서 무엇인가를 달성하고자 하는 힘(나무 그림에서 가지의 상징)[1]이 중심이 되어 표현되도록 한다.

---

1) 김동연, 공마리아, 최외선(2002). HTP와 KHTP 심리진단법 인용. 서울: 동아문화사.

case

장마 [霖]
여름철에 여러 날을 계속해서
비가 내리는 현상이나 날씨 또는 그 비

사례 1.
초등 5, 남학생

비바람을 견뎌 낸 나뭇가지에 고운 단풍이 물들었다. 나뭇가지는 강한 바람에 시달려 휘어지고 구부러졌지만 단풍이 붉게 물들면 상처난 가지와 줄기는 보이지 않고 아름다운 나무만 보일 것이다. 단풍은 친구들 때문에 화가 나도, 짜증이 나도 참을 때마다 더 곱게 물드는데, 나는 이제 잘 참을 수 있기 때문에 내 나무는 멋지고 아름다운 가을 나무로 물들어 갈 것이다.

사례 2.
중등 1, 여학생

나에게 비바람처럼 힘든 상황은 아이들이 내 말투를 가지고 놀리는 것이다. 일부러 자꾸 말을 시킨 후 내 서울말투를 흉내 내는데 나는 너무 속이 상해서 나도 모르게 울어 버리게 된다. 내가 울면 아이들은 내 우는 소리까지 흉내 내며 나를 힘들게 만든다. 그래서 난 아직도 강한 비바람 속에 있는 것 같다. 지금 내 나뭇가지는 잎이 다 떨어지고 약한 가지도 꺾여 굵은 가지만 앙상하게 남아 있다.

이 나무가 회복하기 위해서는 빨리 친구들을 사귀어서 아이들이 내 말투를 놀리지 않게 하는 것과 내 말투를 흉내 내도 내가 울지 않는 것이 필요할 것 같다. 전학 온 지 얼마되지 않아 지금은 힘들지만 그래도 내 나뭇가지는 굵고 튼튼해 분명히 곧 잎이 무성해질 것이다.

사례 3.

위로 뻗던 나뭇가지가 세찬 태풍바람을 맞은 후 아래로 힘없이 처지기 시작하였다. 말이 많다고 친구들이 자꾸 자신을 피하고 선생님도 자꾸 혼자 중얼거린다며 야단치기 시작하면서 자신에게 태풍 같은 바람이 지나간 것 같다고 하였다. 가지가 위로 뻗지 못하며 아래로 처지고 다른 가지를 파고 들면 결국 그 나무는 건강하게 자라지 못할 것이라는 탐색 과정을 거쳤고, 처진 가지를 잘라 내기 위한 자신의 노력은 어떤 것들이 있을지, 처진 가지를 잘라 내고 상처가 아물기 위해 도움이 될 일들은 무엇이 있을지 함께 찾아보는 작업을 하였다.

Tip *나무 이미지*

바람을 견뎌 내고 있는 나무, 바람을 견디지 못해 뿌리가 뽑힌 나무 등
실제 이미지를 보면서 그 상징성에 대해 탐색하기

다시 한 번 해 봐요

나의 나무가 비바람과 태풍처럼 강한 바람을 이기고 잘
성장하여 꽃이 피고 열매를 맺었습니다. 어떤 열매를 맺
었는지 구체적으로 이야기해 봅시다.

어떤 열매를 맺었나요?	구체적으로 설명해 주세요.

보자기

▌목 표

1. 자신이 가진 소중하고 가치 있는 것은 무엇이 있는지 탐색해 볼 수 있다.

2. 자신이 가진 가치 있는 것을 타인에게 나누어 준다면 어떤 것을 줄 것인지, 그것
   은 스스로와 타인에게 어떤 도움이 될 수 있을지 생각해 볼 수 있다.

▌준비물

무늬가 없는 면 손수건(유아용품점에서 구입)이나 광목천, 유성매직

▌활동방법

1. 선물을 포장하거나 이사할 때 짐을 싸거나 필요 없는 것을 싸서 버리는 등 보자
   기의 용도에 대해 알아본다.

2. 자신이 알고 있는 용도와 또래가 알고 있는 용도에 대해서 이야기 나눈다.

3. 손수건이나 천에 자신이 소중하게 여겨 스스로에게 선물을 하고 싶은 것이나 타
   인에게 선물하고 싶은 것을 그려 본다.

4. 보자기에 담을 것으로 자신이 가지고 있는 소중한 것이나 가치 있는 것은 무엇이
   있는지, 누구에게 주고 싶은 것인지, 어떤 의미로 보자기를 꾸몄는지 집단원과
   이야기 나눈다.

5. 자신이 보자기에 담은 것을 타인에게 나눠 준다면 그것을 나눔으로써 자신이나 타인에게 도움을 줄 수 있는 것들은 무엇인지 생각해 보고 이야기 나눈다.

6. 활동 후 느낀 점에 대해서 이야기 나눈다.

▎주의사항

1. 초등학교 저학년 이하의 아동과 활동할 때에는 보자기의 의미를 모를 수도 있으므로 치료사가 사전에 실물이나 자료 사진 등을 준비하여 충분히 설명한 후 활동할 수 있도록 한다.

2. 내가 보자기에 담고 싶은 것을 탐색할 때 가능하면 실제 물건보다는 자신의 특성이나 장점 등 가치 위주로 표현하도록 유도한다.

보자기 [褓]

물건을 싸서
들고 다닐 수 있도록 네모지게 만든 작은 천

사례 1.　　　　　　　　　　　　　　　　초등 저학년 집단

 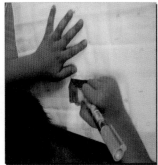 

면 손수건에 유성매직으로 자신에게 소중하고 가치 있는 것들을 그림으로 표현하고 있다.

사례 2.　　　　　　　　　　　　　　　　　　초등 2, 남학생

자신에게 가장 소중한 것은 '우리 집'이라며 자신의 집과 집으로 가는 길을 그렸다. 자신에게 가장 소중한 집이 그려진 보자기에는 다른 사람을 사랑하는 마음을 담고 싶고 그 마음이 담긴 선물은 엄마에게 주고 싶다고 하였다. 그 이유는 부모님 사이가 서로 좋지 않아 자주 싸우는데 이 선물을 받고 두 분 사이가 서로 사랑하는 사이가 되었으면 좋겠다고 하였다.

사례 3.

자신에게 소중한 것을 그려 보자는 지시에 '지금 나의 마음을 그려 보고 싶다.'라며 우주의 어느 행성에서 불에 타고 있는 나무를 그렸다. 이 나무는 불에 타서 이미 줄기는 까만 숯이 되었고 불똥이 튀어 다른 나무에게도 불이 옮겨 붙는 중이라고 하였다. 자신의 마음이 어떤 것인지를 탐색한 결과, 자신의 마음은 모든 것이 다 없어져 버렸으면 좋겠다는 우울감이며 이 우울감이 실제로 자신의 가족에게도 옮겨 가고 있다고 하였다. 그래서 이 보자기에 그런 우울감을 모두 담아 묶어서 버리는 작업을 하였다.

사례 4.

자신감, 자유, 서양 영화, 서양인, 음식, 집 등 자신이 갖고 싶은 것을 표현하였다. 연예인 지망생으로 외국 영화의 주인공이 되고 싶은 꿈을 가지고 있는데 이 꿈들이 이뤄지기 위해 가져야 할 자신감과 가족들의 지지 그리고 고등학교 3학년이라서 느끼게 되는 압박감에서의 자유, 먹고 싶은 만큼 실컷 먹어도 살이 찌지 않는 음식 등을 표현하였다. 자신의 소중한 꿈이 그려진 보자기에는 자신의 열정을 담아 꼭 꿈을 이루겠다는 각오도 다짐하였다.

사례 5.   중등 1, 남학생

실제 보자기에 유성매직을 이용하여 작업하는 모습이다. 소중하거나 가치 있는 것이 많을
경우에는 다양한 크기의 실제 보자기를 사용하면 아동들이 표현할 수 있는 공간이 더 많아
유익하다.

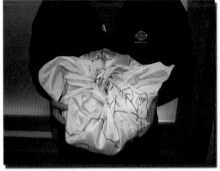

보자기에 자신이 소중한 것을 마음껏 표현한 후 보자기를 묶어 선물 보따리를 만드는
모습이다.

다시 한 번 해 봐요

보자기에 담아 버리고 싶은 것을 찾아봅시다.

이것을 버릴 수 있는 방법은 무엇일까요?

버리고 싶은 것	버릴 수 있는 방법

만능열쇠

▍목 표

심리적 욕구를 탐색하고, 타인과 환경과의 관계를 인식할 수 있다.

▍준비물

다양한 모양의 열쇠, 도화지, 가위, 사인펜, 색연필, 연필, 지우개

▍활동방법

1. 다양한 모양의 열쇠를 본 후 자신이 알고 있는 열쇠에 대해서 이야기 나눈다(우리 집 현관 열쇠, 자전거 열쇠, 사물함 열쇠 등).

2. 소중한 것을 보관하기 위해, 다른 사람에게는 보이고 싶지 않은 비밀을 지키기 위해, 들고 다니기 힘든 물건을 보관하기 위해 등 열쇠의 역할에 대해서 이야기 나눈다.

3. 자신에게 행운의 만능열쇠가 있다면 어떤 모양의 열쇠인지 상세하게 그린다.

4. 만능열쇠로 잠그고 싶은 것(비밀)은 무엇인지, 열고 싶은 것은 무엇인지 생각해 본다.

   • 사람과의 관계에서 열고 싶은 것, 잠그고 싶은 것

   • 학업과 관련해서 열고 싶은 것, 잠그고 싶은 것

- 내 성격에 대해 열고 싶은 것, 잠그고 싶은 것
- 재주나 능력에 대해 열고 싶은 것, 잠그고 싶은 것

5. 도화지 중간에 자신의 만능열쇠를 붙이고 열쇠 주변에 생각한 것들을 자세히 표현한다.

6. 자신이 표현한 것과 그렇게 생각한 이유는 무엇인지 이야기 나눈다.

7. 활동 후 느낀 점에 대해서 이야기 나눈다.

▌주의사항

1. 열쇠에 대한 탐색 시간에는 단순히 열고 잠그는 기능과 기존 열쇠의 모양에만 생각이 제한되지 않도록 다양한 질문을 통해 상상을 자극하도록 한다.

2. 만능열쇠로 열고 싶은 것 중 타인의 개인적 비밀이나 타인의 소유물을 취하거나 빼앗고 싶은 욕구로 표현하는 것들은 치료사가 이유를 잘 설명해 주며 허용하지 않도록 한다.

만능열쇠 [萬能鍵]

무엇이든 열 수 있는 열쇠

사례 1.

초등 6, 남학생

만능열쇠로 친구의 마음이 철컥 열렸으면 좋겠다. 국어 시험과 사회 시험에서 시험 문제와 답이 적힌 시험지 박스가 열렸으면 좋겠다. 운동을 잘 못하는데 달리기 실력이 열렸으면 좋겠고, 아이들과 재미있게 축구할 수 있는 실력이 열렸으면 좋겠다. 그리고 내 마음대로 하고 싶은 만큼 실컷 할 수 있게 컴퓨터 비밀번호가 열렸으면 좋겠다고 자신의 내면적 욕구를 표현하였다.

사례 2.

중등 2, 여학생

만능열쇠로 친구와의 관계, 학업에 관한 것, 재주에 관한 것들 중 열고 싶은 것들을 왼쪽에 표현하였다. 만능열쇠로 닫아서 절대로 열고 싶지 않은 것은 내면에 있는 안 좋은 기억, 화나는 감정, 성적 좋고 건방진 아이들이라고 표현하였다. 그리고 다른 사람이 빼앗아 가지 못하도록 용돈과 통장, 혼나기 싫어서 시험지 성적표 등은 한번 잠궈 놓으면 안 열렸으면 좋겠고 외우기 실력과 잘해 놓은 스케치를 망치게 하는 색칠 실력 등은 닫아 버리고 싶다고 표현하였다.

213

사례 3.

초등4, 남학생

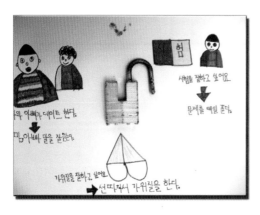

만능열쇠로 엄마, 아빠 말을 잘 듣도록 하여 엄마, 아빠가 지금보다 사이가 좋아져서 데이트를 하면 좋겠고, 문제를 매일 풀어 시험은 잘 치르고 싶으며, 가위질 연습을 해서 가위질도 잘하고 싶다고 자신의 욕구를 표현하였다.

열쇠 그리기에 부담감을 느끼거나 열쇠가 주는 이미지를 잘 떠올리지 못하는 아동의 경우 실제 열쇠를 작품에 배치하여 표현하도록 허용한다.

Tip *다양한 열쇠들*

실제 열쇠를 다양하게 준비하여 열쇠의 모양과 기능에 대해 충분한 탐색을 할 수 있도록 한다.

다시 한 번 해 봐요

나에게는 무엇이든지 열리고, 어떤 것이든 해결이 가능한
황금 열쇠가 있습니다. 꼭 필요한 사람에게 하루에 하나씩
나누어 주려고 합니다. 내 주변의 어떤 사람에게 나누어
줄까요?

요 일	대 상	어떤 기능의 황금열쇠를 주었나요?	이 사람에게 황금열쇠가 필요한 이유는 무엇인가요?
월			
화			
수			
목			
금			

4주

문제행동의 외재화[2)]

목 표

1. 문제행동에 이름을 붙임으로써 자신과 문제행동을 언어적으로 분리할 수 있다.
2. 자신이 문제행동의 증상을 합쳐 놓은 것 이상으로 능력을 가지고 있음을 깨닫고 자신의 유능성에 대해 새로운 시각을 가질 수 있다.

준비물

잡지, 도화지, A4용지, 풀, 가위, 사인펜이나 색연필

활동방법

1. 스스로 불편하게 느껴지거나 주변 사람들이 이야기하는 자신의 문제행동은 무엇인지 깊이 생각해 본다.
2. 자신의 문제행동에 이름을 붙인다.
3. 언제부터 문제행동이 나타났는지, 문제행동은 어떤 상황에서 자주 나타나는지 생각해 보고 이야기 나눈다.

---

2) White M. & EPSTON, D. (1990)이 개발한 치료적 접근법.

4. 자신의 삶에 대한 그 문제행동의 목적이 무엇인지 생각해 보고 이야기 나눈다.

5. 만약 문제행동이 계속된다면 자신은 어떤 모습일지 잡지에서 연상되는 것을 찾아 붙이고 이야기 나눈다.

6. 만약 문제행동이 없어진다면 자신은 어떤 모습일지 잡지에서 연상되는 것을 찾아 붙이고 이야기 나눈다.

7. 활동 후 느낀 점에 대해서 이야기 나눈다.

▌주의사항

1. 치료사는 문제행동이 아동에게 어떤 영향을 미치는지, 가족에게 어떠한 영향을 미치는지 등의 질문을 통해 문제행동이 아동의 정체성 밖에 존재하는 어떤 것이라는 것을 알게 해 주어야 한다.

2. 문제행동에 이름 붙이기 과정을 통해서 문제행동을 외재화시키고 난 후 치료사는 아동의 잠재적 유능성을 아동 스스로 발견해 내도록 유도해야 한다. 그래서 외재화 된 증상을 핑계 삼아 자신의 문제행동을 합리화시켜 버릴 가능성을 최대한 줄여 주어야 한다.

외재화 [外在化]

원인이 어떤 사물이나
범위 안에 있지 않고 밖에 있음

문제의 외재화(externalizing the problem):

문제에 이름을 붙임으로써 아동과 문제를 언어적으로 분리하는 기법

문제 외재화의 장점

• 문제의 책임이 있는 사람과의 갈등을 감소시킨다.

• 해결되지 않은 문제에 대한 반응으로 사람이 실패한 것이라는 생각을 줄여 준다.

• 사람들이 서로 대항하기보다는 문제와 대항하고자 연합하게 한다.

• 문제에서 벗어나 자신의 삶을 되찾고자 하는 사람들에게 길을 열어 준다.

• 새로운 방법으로 문제를 바라봄으로써 사람들을 자유롭게 한다.

−허클베리 핀 길들이기[3] 中

외재화 방법[4]   저자 사례

• **대상**: ADHD로 진단받은 초등 2학년 남자 아이

• **주 호소문제**: 수업 시간에 엎드려 있거나 교실을 돌아다니고, 늘 지각을 하며, 담
임교사의 지시나 부모의 지시에 따르지 않는다.

• **치료과정**: 치료자는 질문과 응답을 통해 문제행동의 외재화 작업을 진행하였으
며 분리한 문제행동을 그림으로 그리게 하여 분리된 문제행동을 시각
화된 심상으로 한번 더 확인하도록 도왔다.

3) 김민화 역(2008). 허클베리핀 길들이기. 서울: 이너북스.
4) 영남대학교 미술치료연구회(2011). 미술치료학개론. 서울: 학지사.

[질문과 응답을 통한 문제행동의 외재화 작업의 예]

- **치료사**: ADHD는 의사들이 집중력이 떨어지고, 산만한 행동에 붙인 이름이란다. 넌 ADHD에 대해 어떻게 생각하고 있니?

- **아 동**: 전 ADHD예요. 의사선생님이 엄마한테 "저 아이는 ADHD."라고 이야기했고, 그래서 약을 먹어야 한다고 했어요. 저는 약을 먹고 있고, 엄마가 담임선생님에게도 "우리 아이는 ADHD랍니다."라고 말씀하셨어요. 제가 수업 시간에 돌아다녀서 친구들이 선생님께 이르면 다른 친구들은 "쟤는 ADHD라서 저러는 거야."라고 말해요.

- **치료사**: 학교 선생님은 네가 가만히 앉아서 선생님 말씀을 듣지 않고, 공부시간에 딴 짓을 하며, 자꾸 짜증을 내는 것이 ADHD가 아닐까 의심하고 계시는 거란다. ADHD는 의사선생님들이 약을 처방하기 위해 부르는 이름인데 너는 그것을 뭐라고 부르고 싶니?

- **아 동**: 음~ '세상에서 가장 느리게 움직이도록 만드는 병'이라고 부르고 싶어요.

- **치료사**: 근사한 이름이구나. 그래, '세상에서 가장 느리게 움직이도록 만드는 병'은 네가 어떻게 행동하도록 만드니?

- **아 동**: 그 병은 아침에 엄마가 나를 깨울 때 "잠깐만요."라고 말하게 하고, 다시 이불 속으로 들어가게 해요. 그리고 세수하러 목욕탕 가서도 "씻고 있어요."라고 말하고 변기에 앉아 있게 만들고요. 학교 갈 때도 자꾸 문구점 앞에 가서 서성이도록 만들어서 학교에 지각을 하게 만들어요.

- **치료사**: '세상에서 가장 느리게 움직이도록 만드는 병'은 또 어떤 문제를 만들지?

- **아 동**: 수업 시간에 다른 생각을 하게 만들고 책상에 엎드려 있게 만들어요. 그리고 학교가 지루한 곳으로 느껴지게 해요. 재미가 없어요. 선생님께 늘 야단을 맞아서 학교 가기가 싫어요.

- **치료사**: 그럼 '세상에서 가장 느리게 움직이도록 만드는 병'을 그림으로 한번 그려볼까?(외재화시킨 문제행동을 그림으로 그리게 하여 다시 시각화시켜 문제행동에 대응하고자 하는 동기를 부여한다)

사례 1.

초등4, 남학생

ADHD라고 진단받은 아동으로, 충동 조절이 잘 안 되고 고집이 세다. 아동은 충동적으로 행동하고 그 결과로 야단을 듣게 되면 말이 안 되는 줄 알면서도 끝까지 자기 고집을 피우는 행동특성을 보인다. 아동은 자신의 이런 문제행동을 '화난 원숭이'라고 외재화시켰다. 이런 이름을 붙인 이유는 '화난 원숭이'는 화가 나면 귀가 안 들리기 때문에 다른 사람의 이야기는 듣지 못하고 자기가 하고 싶은 말만 하기 때문이라고 하였다.

사례 2.

유치원, 여학생

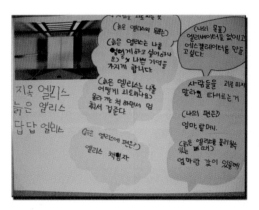

아동이 혼자 엘리베이터를 탔을 때 우연찮게 연이어 엘리베이터가 멈춰 서게 되면서 엘리베이터 공포증이 생긴 아동이다. 아동은 혼자서는 아무 곳도 갈 수 없는 겁 많은 아이가 되어 버렸다. 아동은 '문제의 외재화' 작업을 통해 엘리베이터를 타지 못하는 자신에게서 '지옥 엘리스' '늙은 엘리스' '답답 엘리스'라고 문제행동을 분리시켰다. 그리고 이 늙은 엘리스의 목표는 무엇인지, 그렇다면 이 늙은 엘리스를 물리칠 나의 방법은 어떤 것들이 있는지, 엘리스를 물리치는 나의 목표는 무엇인지 등을 탐색하였다.

사례 3.

문제행동의 이름은?

이름은 쪼글이이고 위축되는 감정이에요. 아
메바처럼 커지는 입으로 나를 압박해요. 작고
딱딱하게 얼음처럼, 생각과 행동을 멈추게 해
서 아무것도 못하게 하고 도망가게 해요.

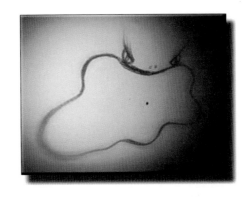

문제행동 쪼글이의 목적은?

심장이 떨리게 하고 머리가 하얗게 아무 생각
을 못하게 하고 나는 실패할 것이라고 속삭여
서 결국 실수를 하게 하는 거요. 일이 잘못되
면 다 내 탓이고 나 때문에 다른 사람이 실망
했고 나를 좋아하지 않을 것이라고 말해요.
내가 용기를 내서 무얼 해 보려고 하면 더 세
게 쪼그러뜨려요. 위장장애, 수면장애, 멍 때
리기를 만들어서 나를 약하게 만들고 실패하
게 하는 것이 목적이에요.

쪼글이가 성공했을 때 나는 어떤 모습일까?

점처럼 작아져서 사라져 버릴 것 같은 두려
움이에요.

쪼글이와 반대되는 것을 그림으로 그려 볼까?
꼼꼼이, 부드러운 단단함, 유연함, 자신감, 평
정심, 포용, 사랑……이런 단어들이 떠올라요.
그중에서도 꼼꼼이란 이름이 마음에 들어요.

내가 성공했을 때 나는 어떤 모습일까?
만세를 외치며 자체 발광하는 모습이에요.

쪼글이가 삶에서 완전히 물러났을 땐 어떨까?
맑은 하늘과 유연하게 변화하는 자유로운 구
름의 모습일 것 같아요.

2학기! 나는 조금씩 자라고 있어요

다시 한 번 해 봐요

_____ (문제행동에 붙인 이름)가 자신과 가족의 삶에 미치는 무수한 영향력을 이해하는 것은 그 증상을 물리칠 수 있는 특별한 방법을 찾아낼 수 있도록 하기 때문에 아주 중요합니다. 질문을 통해 문제행동이 미치는 영향력을 찾아봅시다.

질 문	내 생각
___가 학교에서는 너에게 어떤 영향을 주니? 네가 학교 공부하는 것을 어떻게 방해하지?	
학교에서 그렇게 행동하도록 하는 ___의 목적은 무엇일까?	
___가 집에서는 너에게 어떤 영향을 주니? 네가 가족들과 좋은 관계를 유지하는 데 어떤 방해를 하지?	
집에서 그렇게 행동하도록 하는 ___의 목적은 무엇일까?	
___는 얼마나 오랜 시간 동안 너에게 영향을 주었지?	
___에게 친구가 있니? 짜증 부리기나 울어 버리기가 친구일까?	
___는 네가 어떤 행동을 계속하거나 배우기를 원할까? 그것 말고 대신 네가 배우고 싶은 행동은 어떤 것이 있니?	
___는 네가 자신을 어떻게 생각하게 만들지?	

223

10월

발견!
더욱 성숙해지는 나를 만나요

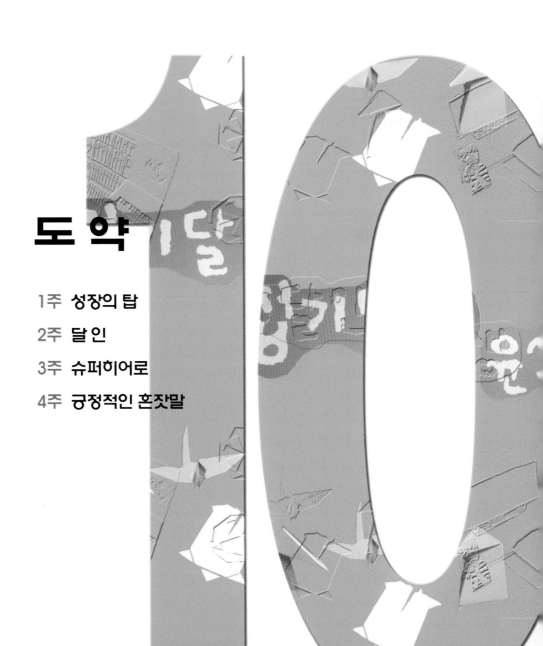

도약

1주

성장의 탑

목 표

1. 노력해서 얻고 싶은 행동이나 이루고 싶은 행동을 찾아 노력함으로써 긍정적인 자기상을 가질 수 있다.

2. 목표 달성을 위한 구체적인 실천 방법을 탐색할 수 있다.

준비물

탑이 그려진 도안, 사인펜, 연필, 지우개

활동방법

1. 탑이 그려진 도안을 보며 어떤 방법으로 탑을 쌓는지, 어떤 마음으로 탑을 쌓는지 이야기 나눈다.

2. 지난 해, 자신이 인내하고 공들였던 것에는 어떤 것이 있는지 생각해 보고 기단(탑의 가장 밑 부분)에 적는다.

3. 올해, 자신의 성장을 위하여 자신이 공들여야 할 부분은 무엇인지 생각해 보고 탑 부분에 적는다.

4. 공들여 이루기 위해 해야 할 자신의 구체적인 행동은 어떤 것이 있는지 생각해

보고 이야기 나눈다.

5. 탑을 만들면서 어떤 느낌을 받았는지 이야기 나눈다.

6. 활동 후 느낀 점에 대해서 이야기 나눈다.

주의사항

1. '공을 들인다'는 의미를 정확하게 알고 이해할 수 있도록 유도한다.

2. 자신의 행동이나 목표에 대해 사소하지만 놓칠 수 있는 부분들을 찾을 수 있도록 한다.

성장 [成長]

성숙해 짐
자라서 점점 커짐

사례 1.

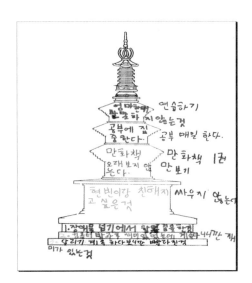

- **지난 해 자신이 노력하여 잘되었던 행동**: 장애물 넘기에서 합격한 것, 방과 후 컴퓨터 수업이 재미가 없었는데 계속 다니니까 재미가 있었던 것, 달리기를 계속하니 빨라진 것
- 지난 해 노력하여 잘된 행동들을 찾아보면서 계속 열심히 하면 잘할 수 있고 재미가 있다는 것을 발견하게 되었다.
- **올해 공들일 부분**: 친구랑 친해지기, 만화책 오래 보지 않기, 공부에 집중하기, 엄마한테 반말하지 않기

사례 2.

- **지난 해 자신이 노력하여 잘되었던 행동**: 수업시간에 자신이 딴짓을 했었으나 지금은 선생님 말을 잘 듣는 것, 애들 물건을 탐냈는데 지금은 나아진 것, 창문에 일부러 공을 찼는데 지금은 그렇게 하지 않는 것
- 지난 해 노력하여 잘 된 행동들을 찾아보면서 자신 스스로 의젓해졌다는 것을 느꼈다.
- **올해 공들일 부분**: 위인전 책 20권 읽기, 친구랑 친해지기, 거짓말 줄이기, 욕 안 하기

사례 3.

초등 1, 남학생

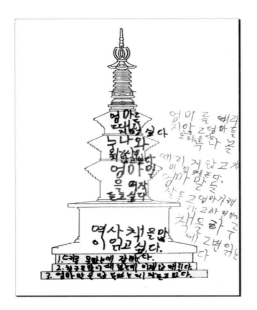

- **지난 해 자신이 노력하여 잘되었던 행동**: 엄마 말을 잘 안 들었는데 잘 듣게 된 것, 친구를 많이 때렸는데 이제 안 때리는 것, 스키를 잘 못 탔는데 잘 타게 된 것
- 자신이 노력하여 잘된 행동을 찾아보면서 자신이 잘하고 있는 것이 무엇인지 알게 되었다.
- **올해 공들일 부분**: 역사책 많이 읽기, 엄마 말을 더 잘 듣기, 누나와 싸우지 않기, 엄마 때리지 않기

다시 한 번 해 봐요

새로운 한 해를 맞이하면서 올해 이루고 싶었던 것은 무
엇이 있었나요? 앞으로 내가 노력해야 할 일은 무엇인지
알아봅시다.

순 위	이루고 싶었던 것	내가 노력해야 할 일

달 인

▌목 표

1. 작은 부분일지라도 자신이 잘할 수 있는 것에 대해 탐색하여 긍정적인 자아상을
   가질 수 있다.

2. 작은 일에도 감사할 수 있는 마음을 가질 수 있다.

▌준비물

A4용지, 색종이, 사인펜, 크레파스, 색연필, 연필, 지우개

▌활동방법

1. 우리 주변에는 어떤 생활의 달인이 있는지 알아본다.

2. A4용지를 받고 3칸으로 나눈다.

3. 자신은 어떤 부분에서 달인인지 3칸으로 나눈 종이에 표현한다.

4. 자신이 그 부분에서 달인이라고 말하는 증거를 찾고, 자신이 달인의 경지에 이르
   게 된 배경을 탐색한다.

5. 달인을 쭉 이어 나가면 자신의 생활이 어떻게 될 것인지 예측해 본다.

6. 자신이 되고 싶은 달인은 어떤 달인인지 이야기 나눈다.

7. 활동 후 느낀 점에 대해서 이야기 나눈다.

▐ 주의사항

1. 우리 생활에서 달인이 기이한 행동을 하는 사람이 아닌 자신의 역할에 최선을 다하는 사람들임을 이야기 나눌 수 있도록 유도한다.

2. 거창한 행동이나 나쁜 행동(남의 말 무시하기 등)에 초점이 맞추어지지 않도록 유도한다.

달인 [達人]

특정 분야에 통달하여
남달리 뛰어난 역량을 가진 사람
널리 사물의 이치와 도리에 정통한 사람

사례 1.

초등 1, 남학생

초등학교에 입학 후 체육시간에 줄넘기하는 것을 배웠다. 1학기에는 줄을 하나도 넘지 못했는데 지금은 함께 뛰는 것까지도 가능하다.

1단계: 혼자 줄넘기 뛰기
2단계: 큰 줄넘기 뛰기
3단계: 친구들과 함께 손잡고 뛰기

앞으로 4학년 형들처럼 이단뛰기에 도전할 것이다.

사례 2.

초등 2, 남학생

텔레비전에서 태권도 하는 모습에 반하여 태권도를 배우기 시작하였다. 태권도장에 가는 것을 매우 좋아하며, 태권도를 가르쳐 주시는 사범님을 좋아한다.

1단계: 멋지게 띠 매기
2단계: 발 차기
3단계: 찌르기

매일 거울 앞에서 태권도 도복을 입고 멋지게 띠를 매고 발차기와 찌르기를 연습한다. 앞으로는 줄넘기에도 도전할 것이다.

사례 3.

중등 1, 남학생

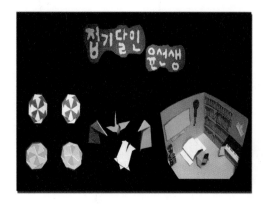

학교에서 우연히 종이접기를 배웠는데 잘 접는다고 칭찬받았다.

1단계: (평면 종이접기) 컵받침을 만들어 선물하였다.

2단계: (입체 종이접기) 동물을 잘 만든다.

3단계: 내 방을 종이접기로 꾸몄다.

계속 종이접기를 할 것이다. 내 주변의 친구들과 선생님들께 종이 접은 것을 선물로 줄 것이다. 앞으로는 종이로 할 수 있는 것들(종이 찢어 글자 만들기, 종이로 건담 만들기)은 모두 달인이 되도록 하는 것이다.

다시 한 번 해 봐요

누구에게나 멋진 점은 있습니다. 나의 주변 사람들은 어떤 달인인지 관찰해 봅시다. 그 사람이 달인이라 생각되는 이유는 무엇인지 알아봅시다.

대 상	○○의 달인	달인이라 생각되는 이유
아빠		
엄마		
형제자매		
기타 가족		
친구 1		
친구 2		
친구 3		
선생님		

슈퍼히어로

목 표

1. 자신의 잠재된 능력을 발휘할 수 있는 계기를 마련할 수 있다.

2. 누구에게나 도움을 필요로 하는 상황이 있음을 알 수 있으며, 서로 도움을 주고
   받을 수 있다.

준비물

4절지, 도화지, 풀, 가위, 사인펜, 크레파스, 색연필

활동방법

1. 슈퍼히어로(Superhero)가 무엇인지 알아본다.

2. 자신이 생각하는 슈퍼히어로의 모습은 어떤 모습인지 생각하고 도화지에 그림으
   로 표현한다.

3. 자신의 슈퍼히어로에 대하여 자세히 탐색해 본다.

   • 평상시 어떤 모습으로 있는가?

   • 어떤 힘을 가지고 있는가?

   • 누구를 도와주는가?

   • 자신의 슈퍼히어로가 나를 도와줄 때는 언제인가?

4. 4절지에 슈퍼히어로를 오려서 붙인 후 자신의 슈퍼히어로가 어떤 상황에서 활약

   할 것인지 꾸민다.

5. 자신이 그린 그림에 대해서 이야기 나눈다.

6. 활동 후 느낀 점에 대해서 이야기 나눈다.

주의사항

1. 슈퍼히어로의 모습이 현실적이지 않더라고 치료사는 이를 격려하도록 한다.

2. 평소의 생활에 대하여 걱정하거나 염려하는 일을 표현할 수 있도록 유도한다.

슈퍼히어로 [Superhero]
사회악과 마음속의 악을 대면하여
끝없이 싸우는 초인적인 힘을 가진 사람

사례 1.
초등2, 남학생

나의 슈퍼히어로는 학교생활에서 어려움이 있을 때 나타나서 도와준다. 평소에는 조용한 모습으로 있다가 반 친구나 내가 필요한 상황에서는 거인처럼 커진다.

내가 우리 반에서 공부를 잘하지 못해 어려워하고 있을 때 모든 과목의 공부를 할 수 있도록 도와주려고 슈퍼히어로가 나타났다. 그래서 나는 공부를 어려워하지 않고 잘할 수 있게 되었다.

사례 2.
중등1, 남학생

나의 슈퍼히어로는 슈퍼맨이다. 나의 슈퍼히어로는 친구들에게 집단따돌림이나 괴롭힘을 당할 때 번개처럼 나타나 괴롭히는 아이들을 혼내 준다.

내가 친구들에게 집단따돌림을 당했을 때 나의 슈퍼히어로가 나타나 나를 괴롭힌 친구들을 혼내 주었으면 좋겠다.

사례 3.

나의 슈퍼히어로는 수업시간에 나타난다. 나와 친구들이 수업시간에 공부가 어려울 때 반짝거리며 나타나 수업하는 부분을 이해할 수 있도록 도와준다. 평소에는 아주 작은 배지의 모양으로 교복에 달려 있다가 수업이 따라가기 힘들 때 나타난다.

다시 한 번 해 봐요

내가 슈퍼히어로가 되어 도움을 필요로 하는 우리 반 친구들에게 도움을 줍시다. 어떤 상황에서 내가 슈퍼히어로가 되어 도와주었는지 알아봅시다.

도움을 받은 친구	어떤 상황에서 도움을 주었나요?	도와주고 난 후의 나의 느낌

긍정적인 혼잣말

▌목 표

1. 자기강화의 목적으로 긍정적인 혼잣말을 통해서 자신감을 얻을 수 있다.

2. 긍정적인 혼잣말을 통해 긍정적인 생각을 가질 수 있다.

▌준비물

도화지, 사인펜, 색연필, 연필

▌활동방법

1. 혼잣말이 무엇인지 이야기 나눈다.

2. 자신이 하는 혼잣말에 대해 탐색해 본다.

   • 언제 혼잣말을 하게 되는가?

   • 자신이 하는 혼잣말의 종류는 무엇인가? 불평, 자기강화, 감탄 등

   • 자신은 어떤 종류의 혼잣말을 많이 하는 편인가?

   • 혼잣말을 하고 난 후의 느낌과 나의 반응은 어떠한가?

3. 자신에게 힘을 주기 위해 혼잣말을 하게 되는 상황을 찾아 도화지에 그림으로 표
   현한다.

4. 자신에게 힘이 될 수 있는 긍정적인 혼잣말을 찾아 그림 옆에 적는다.

5. 친구들 앞에서 실제로 시연해 본다.

6. 긍정적인 혼잣말을 한 후의 느낌에 대해서 이야기 나눈다.

7. 활동 후 느낀 점에 대해서 이야기 나눈다.

▌주의사항

1. 혼잣말이 부정적인 측면만 있는 것이 아님을 인식시킨다.

2. 부정적인 혼잣말이 강화되지 않도록 주의한다.

혼잣말 [獨言]

남이 듣거나 말거나 상관없이
자기 혼자서 중얼거리는 말

사례 1.

초등 3, 여학생

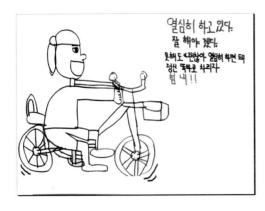

자주 사용하는 혼잣말은 "잘하고 있다, 어이
쿠 이런, 또 혼나겠네, 안 혼나려면 잘 해야
해." 등이 있었다. 현재 부정적인 혼잣말을
많이 사용하고 있는 편임을 인식하게 되었다.
이런 부정적인 혼잣말은 자신에게 어렵다고
생각되는 일에서 많이 사용되는 편이며, 자전
거를 탈 때 겁이 나서 많이 사용한다고 하였
다. 자전거를 탈 때 나에게 할 수 있는 긍정
적인 혼잣말은 "열심히 하고 있다, 잘 해야겠
다, 못해도 괜찮아, 열심히 하면 돼, 정신 똑
바로 차리자, 힘내!! ○○."이다.

사례 2.

중등 1, 남학생

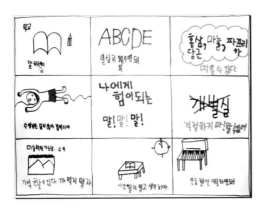

자주 사용하는 혼잣말은 "아, 귀찮아!"였다.
모든 상황에서 귀찮음을 표현함으로써 힘든
상황을 회피할 수 있게 된다고 하였다. 자신
이 어려움을 겪는 상황에서 긍정적인 혼잣말
이 필요하다고 하였다. 각 상황에 맞게 자신
에게 힘을 줄 수 있는 긍정적인 말을 찾아보
았다. 긍정적인 혼잣말을 표현함으로써 느끼
게 된 것은 실제 자신이 해 보지도 않고 미
리 겁을 먹고 있었다는 것이며, 그것이 너무
웃긴 일인 것 같다고 하였다. 이제는 겁을 먹
기보다 힘이 되는 말을 써서 실제 행동을 하
겠다고 하였다.

사례 3.

중등 2, 여학생

자신은 학업과 또래관계에서 혼잣말을 많이 한다고 하였다. 자신이 스스로에게 긍정적인 혼잣말을 쓰면서 실제 그렇게 하기 위한 행동(예뻐지기 위해 거울을 보며 웃기 연습, 반 친구들에게 인기를 얻기 위하여 친절하게 말하기, 성적을 올리기 위해 학원에서 예습 잘하기, 남자친구가 생기기 위해 남자친구들과 친하게 지내기, 영어공부를 잘하기 위해 매일 20단어씩 외우기 등)이 필요하다고 하였다.

다시 한 번 해 봐요

나에게 긍정적인 혼잣말이 필요한 상황은 언제인가요?
그 상황에서 사용한 긍정적인 혼잣말을 적어 봅시다.

요 일	긍정적인 혼잣말이 필요한 상황은 언제였나요?	내가 사용한 긍정적인 혼잣말은?
월		
화		
수		
목		
금		

11월

충전!
나에게 힘을 더해요

에너지

나의 에너지 사전

목 표

현재 자신이 가지고 있는 긍정적인 에너지를 발견할 수 있다.

준비물

잡지, B4용지, 풀, 가위, 사인펜, 색연필, 연필, 지우개

활동방법

1. B4용지를 책 모양으로 접는다.

2. 제일 앞면과 뒷면을 제외하고 2번째 면부터 2~7쪽까지 쪽번호를 적는다.

3. 제일 앞면에 자신의 이름과 자신을 상징하는 사물을 잡지에서 찾아 붙인다.

4. 2~7쪽까지 자신에게 에너지를 주는 것들이 무엇이 있는지 생각해 본 후, 각 장에 맞추어 적는다.

   • 2쪽: 자신이 좋아하는 것

   • 3쪽: 생각하면 기분 좋아지는 것

   • 4쪽: 나를 힘나게 하는 말

   • 5쪽: 나에게 힘을 주는 장소나 공간

   • 6쪽: 힘을 주는 물건이나 나의 보물

• 7쪽: 나에게 힘을 주는 나의 명언

5. 제일 뒷면에는 감사한 사람들과 사전을 만든 날짜, 출판사 등을 적어 사전을 마무리한다.

6. 사전을 보면서 자신에게 어떤 긍정적인 에너지들이 있는지 확인하고 그것들이 어떻게 힘이 되는지 이야기 나눈다.

7. 자신에게는 없지만 친구들의 사전에 들어 있는 것 중 자신에게 필요한 목록은 어떤 것이 있는지 이야기 나눈다.

8. 활동 후 느낀 점에 대해서 이야기 나눈다.

▌주의사항

1. B4용지를 책 모양으로 접을 때 치료사는 아동이 따라할 수 있도록 천천히 시범을 보인다.

2. 상징에 대한 이해가 잘 되지 않는 아동들에게 충분한 설명과 예를 들어 준다.

case

에너지 [Energy]

사람이 활동하는 데
근원이 되는 힘과 능력

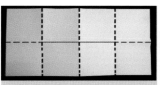 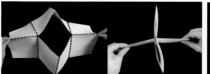 

단계 1
B4용지로 점선을 따라 접은 후 빨간선 부분을 자른다.

단계 2
두 손으로 종이 양 끝을 잡고 접는다.

단계 3
책 만들기 완성

사례 1.

초등1, 여학생

자신이 좋아하는 것에 예쁜 원피스를 그려 넣었다.

생각하면 기분 좋아지는 것에는 친구와 함께 롤러코스터를 타는 그림을 그려 넣었다.

사례 2. 초등 6, 남학생

자신에게 힘을 주는 것에 가족을 그려 넣
었다.
생각하면 기분 좋아지는 것으로 돈을 세
고 있는 자신을 그려 넣었다.

사례 3. 중등 2, 남학생

자신에게 힘이 되는 말로 선생님의 칭찬
과 친구들과의 대화를 잡지에서 찾아 붙
였다.
힘이 되는 장소는 미술치료 센터로, 친구
들과 즐기는 모습을 잡지에서 찾아 붙였다.

다시 한 번 해 봐요

자신이 하는 활동 중에서 에너지가 가장 많이 사용되는
것을 1등부터 10등까지 차례대로 적고 얼마나 사용되는지
색칠해 봅시다.

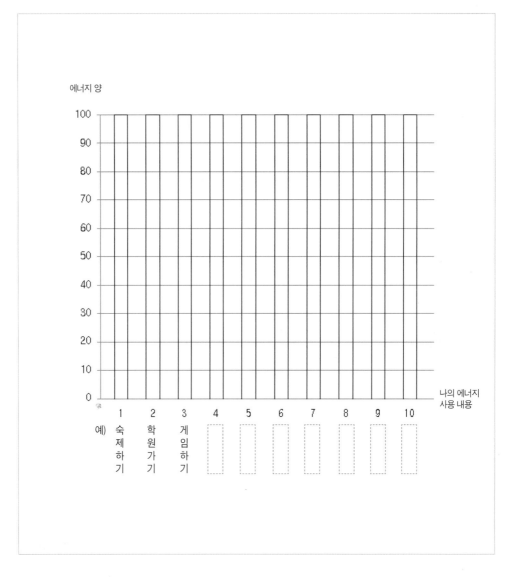

나의 에너지 충전기

▌목 표

1. 내·외적으로 자신의 삶의 에너지가 되는 것이 무엇인지 찾을 수 있다.

2. 자신의 에너지는 어떻게 보충되고 발휘되는지 알 수 있다.

▌준비물

충전기, 충전기 사용설명서, 색 도화지, A4용지, 풀, 가위, 사인펜, 색연필

▌활동방법

1. 핸드폰이나 게임기 등의 충전기를 보며 충전기의 기능에 대해 이야기 나눈다.

2. 자신의 에너지를 충전할 수 있는 충전기를 상상하고 충전기 내용을 어떻게 꾸밀
   것인지 생각한다.

3. A4용지에 자신의 충전기를 그리고 꾸민다. 핸드폰이나 게임기처럼 메뉴(자신이 힘
   을 얻는 활동이나 대상, 말 등)나 용량, 작동 방법 등을 충전기에 그림으로 표현한다.

4. 그림을 다 그린 후 충전기 이름, 충전 방법, 사용 용도, 용량, 고장 났을 경우 수리
   방법, 만든 날짜와 만든 사람의 이름을 적을 수 있는 사용설명서(표 참조)를 나눠
   주고 기록하도록 한다.

5. 기록이 끝나면 색 도화지를 나눠 주고 한 면에는 충전기를 오려 붙이고 다른 면

에는 사용설명서를 붙인다.

6. 자신이 만든 충전기에 대해 사용설명서를 참고하여 이야기 나눈다.

7. 자신이 충전기를 만든 이유가 무엇인지 알아본다.

8. 일상생활에서 에너지의 필요성, 에너지를 얻을 수 있는 방법, 사용 목적과 방법을 생각하며 이야기 나누는 시간을 가진다.

9. 활동 후 느낀 점에 대해서 이야기 나눈다.

▌주의사항

1. 충전기를 창의적인 기능과 모양으로 그릴 수 있도록 유도한다.

2. 충전기 사용설명서를 만들 때 자신이 힘을 얻을 수 있는 방법을 찾을 수 있도록 격려한다.

에너지 충전기 사용설명서 예

제품명	나의 신체 파워 업 충전기
충전 방법	음악 듣기, 혼자 방에서 그림 그리기, 지하철 노선도 보기
1회 충전 시 사용 시간	1일
사용 방법	전원 스위치를 누르고 흥미에 맞는 버튼을 눌러 작동시킨다.
최대 사용 용량	8GB
사용처	늦은 밤 하기 싫은 공부할 때, 엄마의 잔소리를 들을 때
제조일/만든 이	2011.10.10. / 홍 길 동

Tip   실제 충전기 사용설명서

kt tech
모 델 명 : KBH-I150
정격입력 : DC 4.2V/750mA
정격출력 : DC 4.2V/750mA
제 조 원 : 금비전자 (주)
판 매 원 : 주식회사 케이티테크
제조년월
I. 11. 27
K 0052164 A
MADE IN KOREA

⚠주 의
1. 사용설명서의 충전 방법에 따라 지정된 배터리만 사용하십시오.
2. 배터리 접속단자를 금속물질로 서로 연결 하지 마십시오.
3. 임의로 분해하지 마시고, 습기에 주의 하십시오.
4. 젖은 손으로 만지지 마십시오.

충전기 [充電器]

힘을 얻기 위해
전기에너지를 축적하는 기계

사례 1.

초등 6, 남학생

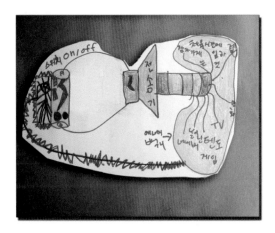

- **충전기 이름**: 전지 충전 강력기
- **충전기 설명**: 건전지와 연결된 에너지 바구니에 나의 에너지를 충전시킬 수 있다.
- **에너지를 충전할 수 있는 방법**: 체육시간에 게임하는 것, 잠자기, 만화, TV, 닌텐도 게임, 놀이 네이버
- **에너지가 필요할 때**: 힘들 때, 야단맞을 때

사례 2.

초등 5, 남학생

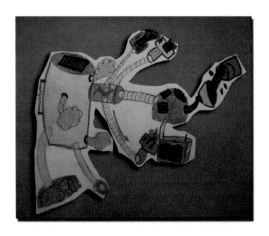

- **충전기 이름**: AL 파워 크랩
- **충전기 설명**: 여러 개의 팔을 가진 로봇 모양의 충전기다.
- **에너지를 충전할 수 있는 방법**: 책 보기, 눕기, 그림 그리기, 게임하기
- **에너지가 필요할 때**: 동생과 싸웠을 때, 엄마에게 야단맞았을 때

사례 3.

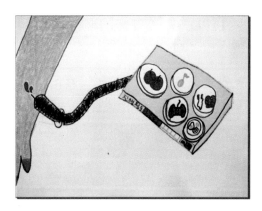

- **충전기 이름**: My 신체 에너지 충전기
- **충전기 설명**: 에너지가 필요할 때, 네모 모양의 충전기로 주사를 맞으면 즉시 효과가 나타난다.
- **에너지를 충전할 수 있는 방법**: 음식 먹기, 음악 듣기, 사과 먹기, 게임하기, 운동하기
- **에너지가 필요할 때**: 집에서 야단맞았을 때, 용기가 필요할 때

다시 한 번 해 봐요

자신의 충전기를 다른 사람에게 빌려 줄 것입니다.
누구에게, 언제, 왜 빌려 줄 것인지 생각해 봅시다.

대 상	언 제	빌려 주는 이유
아빠		
엄마		
형제자매		
기타 가족		
친구 1		
친구 2		
친구 3		
선생님		

3 주

나의 에너지 도시락

목 표

1. 자신에게 어떤 에너지들이 있는지 알 수 있다.

2. 에너지 목록을 활용하여 삶의 에너지를 얻을 수 있다.

준비물

1회용 도시락, 색종이, 테이프, 가위, 사인펜, 연필, 지우개

활동방법

1. 자신에게 힘든 상황이나 자신을 지치게 하는 사건에는 무엇이 있는지 이야기 나
   눈다.

2. 힘들거나 지친 상황에서 다시 힘을 얻을 수 있는 것에는 무엇이 있는지 생각하고
   목록을 적는다.

   (예: 친구가 짜증나게 할 때에는 벽 보고 욕하기, 심심할 때에는 장난 치기)

3. 자신에게 힘이 되는 것들을 여러 가지 음식 모양으로 만들고 음식 모양 안에 목
   록을 적는다.

   (예: 시원한 아이스크림 모양 → 벽 보고 욕하기, 뻥튀기 모양 → 장난 치기)

4. 자신의 에너지 도시락에 대해서 이야기 나눈다.

- 언제 이 음식을 먹을 것인가?

- 이 음식을 먹으면 어떻게 회복될 것인가?

- 친구들의 도시락 중에서 빼앗아 먹고 싶은 음식은 무엇인가?

- 친구들의 도시락을 먹으면 나에게 어떤 도움이 될 것인가?

- 자신의 도시락을 나누어 먹는다면 누구와 나누어 먹고 싶은가?

- 그 사람이 나의 도시락을 먹고 어떻게 힘을 얻었으면 좋을 것인가?

5. 활동 후 느낀 점에 대해서 이야기 나눈다.

▌주의사항

1. 도시락에 넣을 먹거리를 다양한 모양으로 표현할 수 있게 지도한다.

2. 게임, TV 보기 등 혼자 시간을 보내는 일보다는 가족이나 친구와의 관계에서 힘
   을 얻을 수 있는 영역으로 다양한 탐색이 될 수 있도록 격려한다.

도시락 [器]

밥을 담아 가지고 다니는 그릇이나 그 밥
먹는 사람을 생각하며 정성스럽게 만든 밥

사례 1.

초등 3, 남학생

하트 모양을 여러 개 그려 넣어 예쁜 도시락을 표현했고, 자신이 힘을 얻을 수 있는 것으로 보드 타기, Wii 하기, 학원 하루 쉬기, 노래 마음껏 듣기, 하루 종일 TV 보기 등을 적었다.

사례 2.

중등 1, 남학생

사람의 얼굴을 재미나게 표현한 도시락을 꾸몄고, 자신이 힘을 얻을 수 있는 것으로 그림 그리기, 벽 보고 욕하기, 운동하기, 과자 사기, 냉장고 뒤지기, 위로, 게임, 책 만들기, 책 읽기 등을 적었다.

사례 3. 초등 6, 여학생

커다란 하트가 리본과 함께 그려진 도시락을 꾸몄고, 자신이 힘을 얻을 수 있는 것으로 누워서 자기, 닌텐도 하기, 칭찬받기, 장난치기, TV 보기, 웃기, 숫자 세기, 웃긴 것 생각하기 등을 적었다.

다시 한 번 해 봐요

가족 구성원들에게 주고 싶은 도시락의 메뉴를 정한 후
만들어 봅시다. 가족이 함께 모여 도시락을 열고 메뉴를
보면서 가족에게 무엇을 주고 싶었는지, 어떤 힘을 얻기를
바라는지 이야기 나누어 봅시다.

대 상	도시락 메뉴	도시락을 먹고 난 후 어떤 힘을 얻을 수 있을까요?
아빠		
엄마		
형제자매		
기타 가족		

나의 에너지 저금통

▌목 표

1. 자신의 성장에 필요한 에너지 자원을 찾고 채울 수 있다.

2. 친구들과 함께 서로를 탐색하는 과정을 통해 친밀감을 향상시킬 수 있다.

▌준비물

투명 저금통, A4용지, 색종이, 가위, 유성 매직, 사인펜, 색연필, 연필, 지우개

▌활동방법

1. 눈을 감고 자신의 재능, 좋은 습관, 꿈, 긍정적인 감정 등을 생각하며 자신의 에너지 자원을 찾는다.

2. 잘 간직하고 계발한다면 풍성한 삶을 살아가는 데 도움이 될 수 있는 자신의 에너지 자원을 A4용지에 적는다.

3. 자신의 에너지 자원은 어떤 영역(꿈, 재능, 감정, 습관, 생각 등)에 속하는지 알아본다. 자신에게서 발견하지 못한 부분들을 집단원이 서로 찾아 주는 활동도 함께 한다.

4. A4용지에 적은 에너지 자원들을 보고 색종이에 에너지 자원을 하나씩 적은 후 여러 모양으로 만들어 오린다.

5. 아동에게 저금통을 한 개씩 나누어 준다.

6. 자신에게 주어진 저금통에 자신이 적은 에너지 자원을 저금한다.

7. 자신의 에너지 자원에 대해 이야기 나눈다.

- 에너지 자원들이 쌓이면 나에게 어떤 효과가 발휘될 것인가?
- 예상하지 않았던 이자(이익)를 나에게 줄 것 같은가?
- 더 저축하고 싶은 자원으로는 무엇이 있는가?

8. 활동 후 느낀 점에 대해서 이야기 나눈다.

▌주의사항

1. 아동들이 자신이 가지고 있는 긍정적인 것을 자유롭게 생각하고 목록에 기록할 수 있도록 지도한다.

2. 물리적인 것보다는 생각, 마음, 성품과 관련된 내용을 목록에 적을 수 있도록 격려한다.

저금 [貯金]

돈을 모아 둠

절약하여 모아 두거나 맡기다

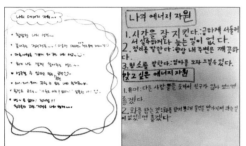

단계 1

자신의 인생에 필요한 에너지 자원을 찾아 A4용지에 기록한다.

단계 2

에너지 자원이 어떤 영역에 속하는지 알아 보고 모양 종이에 하나씩 기록한다.

단계 3

기록한 종이를 미리 준비한 저금통에 넣는다.

단계 4

인생에 필요한 여러 가지 에너지 자원이 들어 있는 여러 친구들의 저금통을 모아 놓았다.

다시 한번 해 봐요

우리 가족 구성원 각자가 소유한 성품, 장점, 기능 등의 긍정적인 보물을 저금한다면 그것들은 우리 가족에게 어떤 영향을 미치는지 알아봅시다

대 상	긍정적인 보물	저금한 것들이 우리 가족에게 미치는 영향
아빠		
엄마		
형제자매		
기타 가족		

12월

한 해를 돌아보며!
나에게 선물을 주어요

자기보상

1주 칭찬받아 마땅해

2주 뿌듯한 일

3주 세탁하기

4주 그럼에도 불구하고

1 주

칭찬받아 마땅해

▌목 표

1. 1년 동안 자신의 행동 중 칭찬받을 수 있는 일을 탐색할 수 있다.

2. 자신의 행동에 대해 칭찬받고 보상받을 수 있다.

▌준비물

도화지, A4용지, 사인펜, 색연필, 연필, 지우개

▌활동방법

1. 1년 동안 내가 행했던 일들을 생각한다.

2. 내가 행한 일 중 칭찬받았어야 하는데 그렇지 못했던 일들을 생각한다.

3. A4용지에 칭찬받았어야 하는데 그렇지 못했던 일을 30개 적는다.

4. 칭찬받아야 하지만 칭찬받지 못했던 일 3가지를 찾아서 칭찬받지 못했던 이유에 대해 이야기한다.

5. 칭찬받지 못했던 일을 누구에게 칭찬받고 싶은지 이야기 나누고, 집단원 중 한사 람이 대신 그 사람이 되어 칭찬을 해 준다.

6. 자신이 칭찬받지 못했던 일에 칭찬을 받게 되어 어떤 마음이 들었는지 이야기 나 눈다.

7. 자신의 행동에 대한 칭찬이 있었을 때와 없었을 때의 느낌이 어떤지 이야기를 나
   누고 행동에 대한 보상의 의미를 생각해 보는 시간을 가진다.

8. 활동 후 느낀 점에 대해서 이야기 나눈다.

▌주의사항

1. 평상시에 잘하고 있는 행동들을 칭찬 목록에 적을 수 있도록 돕는다.

2. 서로에게 칭찬할 때 마음을 담아 진심으로 칭찬할 수 있도록 돕는다.

칭찬 [稱讚]

좋은 점이나 착하고 훌륭한 일을
높이 평가함 또는 그런 말

초등 저학년 집단

친구가 칭찬받았으면 하는 목록과 어떤 칭찬을 해 주어야 할지 생각하며 칭찬해 주고 있다.

초등 고학년 집단

머리나 어깨에 손을 얹어 칭찬하고 있다.

사례 1.

초등 3, 여학생

[칭찬받아 마땅했던 목록]

• 엄마 편을 들었을 때
• 부모님께 웃긴 이야기를 해 주었을 때
• 물건을 아껴 쓸 때
• 눈 시력이 좋은 것
• 집중을 잘 했을 때
• 심부름을 잘할 때
• 사진 포즈 잘 취했을 때 등

[받고 싶은 칭찬]

엄마가 힘들게 이불을 털고 계셔서 도와드렸다. 엄마를 돕는 것은 딸로서 당연한 일이지만, 칭찬을 받으면 엄마가 나를 인정해 주는 것 같아서 기쁠 것 같다.

엄마에게 "우리 OO 다 컸네. 엄마 도와줘서 고마워!"라고 칭찬받고 싶다.

사례 2.

초등 6, 남학생

[칭찬받아 마땅했던 목록]

• 센터 숙제를 해 왔을 때

• 빨리 공부할 때

• 인사를 싹싹하게 할 때

• 신발을 구겨 신지 않았을 때

• 친구들 이야기를 잘 들어 줄 때

• 대답을 잘할 때

• 시험공부를 열심히 할 때 등

[받고 싶은 칭찬]

혼자 공부할 때 딴생각하지 않고 집중했는데 혼자 있어서 아무도 보지 못했다.

형에게 "얌전히 잘하네. 최고!!(엄지손가락을 들어 보인다)"라고 칭찬받고 싶다.

다시 한 번 해 봐요

엄마가 당연히 칭찬받았어야 하는데 칭찬받지 못한 일을
찾은 후 칭찬하고, 다른 가족들도 엄마를 칭찬하도록 해
봅시다. 칭찬을 받은 후 엄마의 마음은 어떤지 물어보고
적어 봅시다.

대 상	엄마가 칭찬받았어야 했던 행동	칭찬을 들은 후 엄마의 마음
아빠		
형제자매		
나		

뿌듯한 일

▌목 표

1. 1년 동안 자신에게 일어났던 일 중 뿌듯한 일을 생각하며 감사할 수 있다.

2. 자신에 대해 긍정적인 생각을 가질 수 있다.

▌준비물

여러 모양의 우드락 조각, 잡지, A4용지, 풀, 가위, 유성 매직, 사인펜, 연필

▌활동방법

1. 1년 동안 자신에게 일어났던 일 중 뿌듯했던 것에 대해 생각한다.

2. 뿌듯했던 일들을 A4용지에 20개 이상 적는다.

3. 자신의 뿌듯했던 일들을 친구들 앞에서 이야기한다.

4. 뿌듯했던 일 20개 중 가장 뿌듯했던 일을 우드락 조각에 그린다.

5. 그림이 완성되면 돌아가면서 구체적으로 그림에 대해 이야기한다. 친구의 이야기를 들은 아동들은 그 친구의 행동에 대해 구체적으로 칭찬해 준다.

6. 집단원의 작품들을 한곳에 모아 놓고 보면서 어떤 느낌이나 생각이 드는지 이야기 나눈다.

7. 활동 후 느낀 점에 대해서 이야기 나눈다.

▎주의사항

1. 자신의 행동에 자신감을 가지고 어떤 것이든 자신이 행동했던 것 중 뿌듯했던 일을 자유롭게 표현하도록 한다.

2. 우드락에 그림을 그릴 때 너무 힘을 주거나 하여 부서지지 않도록 주의를 준다.

뿌듯하다 [滿足]

기쁨이나 감격이
마음에 가득 차서 벅차다

사례 1.
초등 6, 남학생

게임을 하고 싶은 유혹을 뿌리치고 열심히 공부해서 성적을 올렸다.

사례 2.
초등 6, 남학생

부모님의 동행 없이 혼자서 해외여행을 다녀왔다.

사례 3.
초등 6, 남학생

두꺼운 책을 방학 동안에 다 읽었다.

사례 4.
중등 1, 남학생

외국인에게 영어로 길을 가르쳐 주었다.

사례 5.

초등 고학년 집단

아동들이 자신의 작품을 모아 놓고 서로 뿌듯했던 일을 이야기하고 격려하고 있다.

다시 한 번 해 봐요

나로 인해 뿌듯한 일은 언제, 어떠한 일이었는지 부모님께
인터뷰를 해 봅시다.

대 상	부모님이 나로 인해 뿌듯했던 일
아빠	
엄마	

3주

세탁하기

목 표

1. 마음이 상했던 일을 세탁하기 작업을 통해 재조명할 수 있다.

2. 세탁 후 깨끗한 천에 원했던 결과를 채우면서 상처받았던 일에 대해 새로운 의미를 부여할 수 있다.

준비물

천 조각(A4 크기), 빨랫비누, 세숫대야, 수성 색연필, 수성 파스텔

활동방법

1. 한 해 동안 나에게 일어났던 일 중에서 마음이 상했던 일들을 생각해 본다.

2. 마음이 상했던 일 중에서 가장 기분이 안 좋았던 사건을 하나 찾는다.

3. 천 조각에 파스텔로 마음이 상했던 상황을 그림으로 그린다.

4. 그림을 보며 그 상황에서 일어났던 감정을 구체적으로 이야기 나눈다.

5. 안 좋은 기억을 지울 수 있는 방법들을 생각해 본다.

6. '세탁하기'에 대해 이야기한다.

- 세탁은 왜 하는가?
- 세탁하기 전과 후의 변화에는 어떤 것이 있는가?

7. 그림이 그려진 천 조각에 물을 묻히고 비누칠을 한 후, 손으로 비벼 그림을 지우고, 맑은 물로 천을 헹구어 천이 깨끗해지도록 한다.

8. 세탁이 끝나면 자신의 천을 책상에 펼치고, 안 좋았던 기억이 없어진 천을 보면서 어떤 느낌이 드는지 이야기 나눈다.

9. 안 좋았던 기억에서 결과가 바뀐다면, 어떤 결과가 일어났으면 좋았겠는지 생각해 보고 자신이 원하는 결과를 깨끗해진 천에 수성 색연필로 그린다.

10. 그림을 설명하고 자신의 마음이 어떻게 바뀌었는지 이야기한다.

11. 활동 후 느낀 점에 대해서 이야기 나눈다.

▌주의사항

1. 세탁이 서툰 아동의 경우 세탁하는 요령을 상세히 설명해 주고 더러운 비눗물이 자신이나 다른 집단원의 몸에 묻지 않도록 주의한다.

2. 젖은 천에 수성 색연필로 그림을 그릴 때 색연필이 번진다는 점을 고려하여 그리도록 한다.

세탁 [洗濯]

때묻은 옷이나 가죽 따위를
물이나 약품 따위에 빠는 일

단계 1
흰 천에 마음이 상했던
일을 그린다.

단계 2
마음이 상했던 일을 발표
한 후 깨끗이 세탁한다.

단계 3
깨끗해진 천을 짜서 물기
를 제거한 후 깨끗한 종
이를 깔고 천을 반듯하게
편다.

단계 4
깨끗해진 천에 바꾸고 싶
은 결과를 다시 그린다.

사례 1.

초등 5, 남학생

1. 상처받았던 일
친구들이 자신에게 욕하고 돈을 달라고 했다.

2. 바꾸고 싶은 결과
욕하고 돈을 달라는 친구들을 혼내 주고 싶다.

사례 2.   초등 3, 남학생

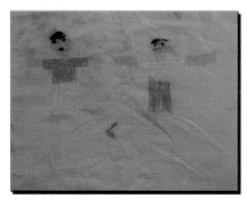

1. 상처받았던 일

친구들이 축구하고 있어서 같이 하자고 했더니 안 된다고 했다.

2. 바꾸고 싶은 결과

친구들과 함께 즐겁게 축구를 하고 싶다.

사례 3.   초등 5, 여학생

상처받았던 일

준비물을 챙기지 못해서 친구에게 빌리려고 했는데 아무도 빌려 주지 않아서 야단맞았다.

바꾸고 싶은 결과

친구가 준비물을 빌려 달라고 할 때 나도 잘 빌려 주고 나한테도 잘 빌려 주면 좋겠다.

다시 한 번 해 봐요

한 해 동안 있었던 일 중에서 가장 좋았던 기억을 그림으로 그리고 설명해 봅시다.

그림

설명

그럼에도 불구하고

▍목 표

1. 자신의 실수나 잘못에도 불구하고 자신의 긍정적인 마음이나 노력을 생각하고
   자신을 격려할 수 있다.
2. 자신의 행동을 다듬어 가는 과정이 자신에게 어떤 가치가 있는지 찾을 수 있다.

▍준비물

도화지, 띠 종잇조각(폭 2~3cm), 사인펜, 색연필, 연필

▍활동방법

1. 일 년 동안 있었던 일 중에서 실수나 자신의 잘못으로 일어난 일을 떠올려 본다.
2. 아동들은 도화지를 받아 9칸으로 나누고, 각 칸에 실수나 자신의 잘못으로 일어
   난 일들을 그림으로 그린다.
3. 자신이 그린 그림을 보고 자신의 이미지는 어떠한지 정의 내려 본다.
4. 자신의 긍정적인 부분은 무엇이 있는지 생각하도록 한다.
5. 자신의 여러 가지 실수나 잘못된 행동에도 불구하고 자신의 긍정적인 마음이나
   노력을 '그럼에도 불구하고 나는 하려고 노력한다.' 의 표현으로 띠 종이에 적
   는다.

6. 자신의 긍정적인 면을 찾아 표현한 글을 읽은 후, 자신의 이미지는 어떠한지 다시 한 번 정의를 내린다.

7. 자신의 행동에 대한 긍정적인 노력이 자신에게 어떤 가치가 있는지 이야기 나눈다.

8. 활동 후 느낀 점에 대해서 이야기 나눈다.

█ 주의사항

1. 아동이 자신의 태도와 관련하여 긍정적인 면을 찾지 못한다면 다른 친구들에게 그 친구의 긍정적인 면을 찾아 주도록 한다.

2. 아동이 자신의 긍정적인 면을 적으면서 스스로 수용할 수 있도록 유도한다.

보상 [報償]

선행, 노력 등에 대하여
주어지는 긍정적인 대가

사례 1.

초등 6, 남학생

[나의 잘못]

• 동생과 오목 두다가 싸웠다.

• 학교 저학년 아이에게 욕하고 때렸다.

• 여자아이를 괴롭혔다.

• 아기를 울렸다.

• 벽에 낙서했다.

그럼에도 불구하고 나는 다친 친구가 있으면
교실로 데리고 갔다.

사례 2.

초등 5, 남학생

[나의 잘못]

• 귤을 훔쳤다.

• 친구와 싸우며 친구를 때렸다.

• 지우개를 훔쳤다.

• 공부한다고 해 놓고 안 해서 혼났다.

• 친구 다리를 걸어 넘어뜨리고 안 한 척했다.

• 컴퓨터 시간을 지키지 않았다.

그럼에도 불구하고 나는 애들을 잘 챙겨 주려
고 하고 원수를 만들지 않으려 노력한다.

사례 3.

초등 6, 여학생

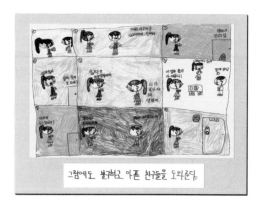

[나의 잘못]

- 친구에게 욕했다.
- 엄마가 야단칠 때 말대꾸했다.
- 학교에서 잘못해서 엄마를 학교에 오시게 했다.
- 공부하라고 했는데 하지 않았다.
- 공부시간에 보려고 만화책을 학교에 가지고 갔다.
- 친구와 싸우면서 욕했다.

그럼에도 불구하고 나는 아픈 친구를 돌봐주었다.

다시 한 번 해 봐요

사람들은 자신에게 있는 것이나 일어났던 일들 중에서 어떤 것을 행운이라고 생각하는지 주변 사람들에게 물어봅시다.

대 상	무엇이 행운이라고 생각하나요?
아빠	
엄마	
형제자매	
기타 가족	
친구 1	
친구 2	
친구 3	
선생님	

참고문헌

김동연, 공마리아, 최외선(2002). HTP와 KHTP 심리진단법. 서울: 동아문화사.

송혜영(2007). 생활주제에 따른 명화감상 활동이 유아의 창의성과 정서지능에 미치는 영향. 전
　　　남대학교 교육대학원. 석사학위청구논문.

영남대학교 미술치료연구회(2011). 미술치료학개론. 서울: 학지사.

주부의벗사 외(2010). 누구나 쉽게 따라하는 귀여운 종이오리기. 맹보용 역. 서울: 시공사.

채인선(2005). 아름다운 가치 사전. 서울: 한울림어린이.

하행미(2009). 표현과 연계된 명화감상 지도방안 연구–초등학교 1학년을 대상으로. 영남대학
　　　교 교육대학원. 석사학위청구논문.

Nylund, D. (2008). 허클베리핀 길들이기. 김민화 역. 서울: 이너북스.

 MEMO

 MEMO

 MEMO

MEMO

저자 소개

최외선
영남대학교 명예 교수
수련감독미술치료전문가

김갑숙
영남대학교 미술치료 전공 교수
수련감독미술치료전문가

서소희
부산인지학습증진센터 원장
미술치료사

홍인애
부산인지학습증진센터 교사
미술심리치료사

류미련
부산인지학습증진센터 교사
미술치료사

강수현
부산인지학습증진센터 교사
미술치료사

창의성과 사회적 기술 향상을 위한

미술치료 열두 달 프로그램 II

2012년 10월 30일 1판 1쇄 발행
2022년 8월 10일 1판 6쇄 발행

지은이 • 최외선 · 김갑숙 · 서소희 · 홍인애 · 류미련 · 강수현
펴낸이 • 김 진 환
펴낸곳 • ㈜ 학지사

04031 서울특별시 마포구 양화로 15길 20 마인드월드빌딩 5층
대표전화 • 02) 330-5114   팩스 • 02) 324-2345
등록번호 • 제313-2006-000265호

홈페이지 • http://www.hakjisa.co.kr
페이스북 • https://www.facebook.com/hakjisabook

ISBN 978-89-6330-780-0 93180

정가 17,000원

출판미디어기업 학지사

간호보건의학출판 학지사메디컬 www.hakjisamd.co.kr
심리검사연구소 인싸이트 www.inpsyt.co.kr
학술논문서비스 뉴논문 www.newnonmun.com
원격교육연수원 카운피아 www.counpia.com